JN076469

日本手話で
学びたい！

佐野愛子　佐々木倫子　田中瑞穂　編
SANO Aiko　SASAKI Michiko　TANAKA Mizuho

ひつじ書房

本扉　日本手話モデル：西海ここな

各部扉　日本手話モデル：ろう塾スタッフ 河野赳大

この本を読んでくださる方へ

　10 年後、もしくは 20 年後に振り返ってみたとき、2022 年
は日本のろう教育における大きなマイルストーンの年として記
録されることになるだろう。この年の 7 月 27 日、北海道札幌
聾学校の児童が、日本手話で学ぶ権利を求めて北海道を提訴し
たのである（訴訟に至るまでの流れについては序章を参照）。
半年後の 2023 年 1 月 27 日にはもう一人の児童がこれに続い
た。「ろう児が日本手話で学ぶ権利は、憲法上保障されたもの
である」というこの主張は、日本のろう教育のあり方を根底か
ら問い直すものとして注目されている。この訴訟の行方は、そ
れがどちらに向こうとも、これからの日本のろう教育を決定的
に方向付けることになる。
　この訴訟にあたり、日本手話と日本語のバイリンガルとして
ろう児を育てていくべきことを主張してきた国内外の研究者お
よびろう教育実践者から多くの励ましの声と、これを支援する
意見書をいただいた。その半数は国内外のろう当事者である。
これらの意見書は、この訴訟に対し理論的・学術的な基盤とな
るものであり、裁判所に提出するだけではなく広く一般に読ん
でいただきたいと考えて本書にまとめることとした。まとめる
にあたっては、2016 年に出版された『手話を言語と言うのな
ら』（森壮也・佐々木倫子編）の姉妹版、という形をとりたい
と考えたところ、ひつじ書房から快諾をいただき、『手話を言
語と言うのなら』の編集を牽引された森壮也先生にも多大なご

支援をいただいた。また、私立明晴学園の岡典栄先生にも多くの助言を得た。この場を借りて心からお礼を申し上げたい。

　本書では、この訴訟に至るまでの経緯を序章に記し、第1部から第3部は、訴訟のためいただいた11本の意見書をもとに構成した。第1部「ろう教育における「手話」」に森壮也氏、松岡和美氏、菊澤律子氏、第2部「ろう教育で用いられるべき言語」にジム・カミンズ氏、デボラ・チェン・ピクラー氏ら、クリステル・フォンストロム氏、富田望氏、明晴学園、および佐々木倫子氏、第3部「権利としての日本手話」に戸田康之氏、および杉本篤史氏に執筆をしていただいている。最後にバイリンガルろう教育研究の立場から、「これからのろう教育のあり方について」と題した提言を佐野愛子・佐々木倫子・田中瑞穂の連名で記した。

　本書が、ろう児の日本手話で学ぶ権利獲得のための闘いを支える大きなうねりを作り出すきっかけとなることを祈る。日本中のろう児が、日本手話と日本語のバイリンガルとしての誇りを持ち、仲間とともに学ぶ喜びをその手に取り戻すための闘いを、私たちは応援し続ける。

　本書においては、日本国内のろうコミュニティが従来使用してきた手話言語を「日本手話」と呼び、日本語の文法に従いつつ手話単語を用いて聴覚に障害がある人とコミュケーションするための手段を「日本語対応手話」と呼ぶ。ただし、「日本語対応手話」については論者によって、これが文法的には日本語であることを強調するために、「手指日本語」「手話アシスト日本語」「手話付きスピーチ」等の用語を使用している。聴覚に

iv

障害がある子どもおよび大人を「聴覚障害児者」、その中でも日本手話を第一言語とする子どもおよび大人を、聴覚障害の程度、あるいは、人工内耳等の装用に関係なく、「ろう児・ろう者」とする。

2023 年 4 月 14 日　佐野愛子

本書の序章および第 1 章、第 7 章、第 8 章、第 10 章、「提言」については日本手話による動画も準備しています。「序章」および「提言」については「手話教師センター」にご協力いただきました。そのほかの章については、執筆者に日本手話の動画をお願いしました。逐語訳ではなく、要旨を簡潔にまとめていただいておりますので、どうぞあわせてご覧ください。

動画が掲載してある特設サイトは下記の URL からアクセスしてください。同サイトには、第 4 章、第 5 章、第 6 章の原文（英語）も掲載しています。

 URL：https://www.hituzi.co.jp/hituzibooks/ISBN978-4-8234-1210-3.htm

pass：12103

目　次

第 1 部　ろう教育における「手話」

第2部　ろう教育で用いられるべき言語

第3部　権利としての日本手話

序章
日本手話をないがしろにし続けるろう教育
―札幌聾学校訴訟まで―

田中瑞穂・佐々木倫子・佐野愛子

1．日本のろう教育の流れ

　日本のろう教育はどのような流れをたどってきたのだろうか。文部科学省（2020）掲載の「聴覚障害教育の歴史」（pp. 2–5）から、主な出来事を取り上げる。

表1　聴覚障害教育の歴史

1878 年	京都盲啞院の開校（手話と筆談による教育）
1923 年	盲学校及び聾啞学校令（盲教育と聾教育の分離、口話法の紹介と広まり）
1948 年～	盲学校、聾学校の就学義務制施行（聾学校生徒数は昭和 30 年代にピークへ）
同時期	個人用補聴器の普及（聴覚口話法の広まり）
1959 年	中央教育審議会答申（幼稚部・高等部の設置）
1960 年	難聴特殊学級設置（小・中学校に難聴特殊学級の設置の広まりへ）
1968 年	栃木聾学校、同時法を報告（幼稚部では指文字、小学部では指文字と手話を用いて教育）
同時期	京都府立聾学校、キュード・スピーチ（聴覚口話法の範疇）を報告（全国の聾学校への広まり）
1980 年代後半	手話の導入（高等部段階から徐々に中学部、小学部、幼稚部へと普及）
1993 年	通級による指導（義務教育段階）の本格実施
2007 年	特別支援教育の本格実施（ほとんどの聾学校で手話を使用）
2011 年	改正障害者基本法施行（障害者権利条約対応）
2012 年	中央教育審議会（インクルーシブ教育システム構築のための特別支援教育の推進）

（文部科学省（2020）をもとに筆者作成）

表1からは以下の2つの流れが浮かび上がる。

① 聴覚障害児の聾学校での受け入れから、難聴特殊学級設置、さらにインクルーシブ教育推進への流れ
② 聴覚障害児教育における口話法と手話法の2本の流れ

そして 2020 年代の現状として、文部科学省（2020）には、補聴機器の技術の進歩、人工内耳の普及によって、聾学校在籍の幼児児童生徒については障害の重度化、重複化、多様化が進み、「個に応じたコミュニケーション手段として、音声、読話、文字、キュード・スピーチ、手話、指文字などの多様な方法が活用されるようになった」（p. 5）ことが述べられている。さらに「聴覚口話法自体は聴覚活用と音声使用により日本語を獲得するための大変有効な言語教育の方法である」とされ、「手話によってスムーズなコミュニケーションができることが、そのまま日本語の獲得に結び付くものではない。聴覚障害教育に携わる者は、これらのことを前提とし、言語指導の在り方を模索していく必要がある。」（p. 5）とある。ここからは、障害が聴覚のみの子どもは一般の小・中学校に進む流れと、聾学校が重度の障害、重複障害を持つ生徒を対象に、どれも決定的ではない、多様な手段に混乱する様子が見てとれる。

２．隠された当事者の声

　文科省による上記の簡単な記述に覆い隠されたものがある。それは当事者であるろう児の視点である。その視点はどうすれば見いだせるのだろうか。それはひとつの単語の概念の明確化から始められる。表 1 の「手話」を、日本のろう者の自然手話である「日本手話」（全日本ろうあ連盟（2023）の「手話言語」）と、手指単語や口形で日本語を表示する手指日本語（日本語対応手話／全日本ろうあ連盟（2023）の説明の「手話言語の単語を使った一種の日本語（音声言語）」）に分ける。する

と、表中の「手話」は1行目の京都盲唖院を別として、「日本手話」ではなく、「手指日本語」が主なのだと分かる。つまり、表1に記載されている教育はほぼ例外なく多様な手段（モダリティ）で表示する日本語による教育、つまりモノリンガル（単一言語）教育だと分かる。

　では、日本にはろう児の第一言語である日本手話を授業言語の基盤とするろう教育、つまりバイリンガルろう教育の流れは存在しないのだろうか。そこには細いが、確かな流れがある。木村・市田（1995）による「ろう文化宣言」は、「日本手話」を日本語と異なる言語として多くの人に認識させた。これを受けてろう児の認知的発達を支え、思考力をはぐくむことを目的に日本手話を授業言語として用いるバイリンガルろう教育の実施に向けた動きが始まった。以下の4項目は、その具体的な取り組みの記録であり、表1の歴史に加えたい。

1999年	デフフリースクール龍の子学園の誕生
2003年	人権救済申立の提出（ろう児、ろう生徒、保護者107名による日本手話による授業の実施の要求）
2007年	北海道札幌聾学校で日本手話クラス編成（公立学校として初のバイリンガルろう教育の開始）
2008年	私立明晴学園の開校（バイリンガル・バイカルチュラル教育の開始）

　その後、明晴学園の生徒数は劇的に増えただろうか。明晴学園が目指すバイリンガルろう教育と志を同じくする聾学校は多数出現しただろうか。答えは否である。それほどに聴能主義とそれに根差した聴覚口話法の力は強い。2023年現在進行中の

札幌聾学校（以下「札聾」）の日本手話訴訟はまさに聴覚口話法との闘いである。次節では、その闘いのこれまでの流れを詳しく説明する。

3．札聾の二言語教育

　札聾に日本手話クラスが編成されてから2023年で16年になる。これまでの状況を報告する。

3.1　聴能主義下の日本手話クラス

　2000年代に入っても札聾では、「手話は津軽海峡を渡らない」と言われたほど口話教育が徹底していた。特に、乳幼児相談室（以下、乳相）、幼稚部では子どもたちに手話を見せないことが当然とされていた。長年、ろう保護者が校長に手話導入を要望していたが、少数意見として切り捨てられてきた。そこに、「我が子ともっと会話がしたい」、「献立名を言えるまで給食が食べられないのは納得できない」と多くの聴者の保護者が加わったことで流れが変わった。2006年9月の北海道教育長の答弁に基づき、2007年度、札聾に初めて日本手話と書記日本語で学ぶ学習グループ（日本手話クラス）が編成されたのである。

　保護者が望んだのは生徒全員が対等な関係で学べる授業だった。聴覚口話法の授業では、子どもたちだけの話合いは成立し難い。たしかに、補聴技術の進歩により音声言語を使う子どもたちは増えているだろう。それでもなお聴覚口話法には「集団に共通言語のある学び」を保障することに構造的な限界がある。

しかし、聴者の教員にはこの限界を日々の授業で意識し続けることが難しい。札聾に日本手話クラスができるわずか 1 年前、元小樽聾学校長の森川は「聴覚口話法の指導は並大抵のものではない。手話を使わせないため両手を縛って教えたこともある」と述懐している（2006）が、虐待にも等しい行為を悪びれもせずに報告できてしまうほどに、聴能主義の根は深い。さらに森川は「残存聴力を引き出すために、『今日はできなくても明日は聴こえる』と信じて、音楽テープを何度も聞かせた」とも報告している。聞こえる方がよいという価値観は「ろう者社会を支配し、再構成し、ろう者社会に権力を行使する聴者の方法」である「聴能主義」（レイン，2007）そのものであるといえよう。

　日本手話クラスの編成に伴い、札聾では全学部で意向調査を行い、子どもたちはクラスを選択することとなった。しかしそうした流れの中でもなお、日本手話クラスを選択した家族を「厳しい口話訓練への努力を諦めた親子」と評した聴者の教員もいた。札聾の日本手話クラスは、聴覚口話＋手話付きスピーチクラスと併設される聴能主義下の環境で始まったのである。

3.2　二言語で学ぶ子どもの成長

　2007・2008 年度、札幌、旭川、帯広の聾学校 3 校が北海道教育委員会（以下、道教委）の指定校として手話活用の実践研究に取り組んだ。しかし、日本手話と日本語のバイリンガル教育としてのろう教育の実践経験は北海道の聾学校には皆無であったため、札聾の教員は明晴学園等が主催する研修会に自主的に参加した。日本手話クラスでは、聴力レベルの差によらず

どの子も等しく学習できる。クラス全体で議論ができる。聴覚口話法からの転換時、聴者の教員に求められたのは授業構成の見直しだけではなかった。最も肝要だったのは、子ども観の転換である。それまで、「聴覚障害児」として見ていた子どもたちが二つの言語と文化の中で育つ「バイリンガル・バイカルチュラル」の子どもたちであることに気づかされたのである。

　聴力、音声に頼らない授業が始まると、子どもたちが本来の自分を発見する過程に立ち会うこととなった。例えば、幼稚部で「皆の後をついていく消極的な性格」と評価された子がいた。小1から日本手話クラスで学び始め、小2の時に「あなたはだれにでんわをしますか。」という問いに、「ぼくはろうなのででんわはしません。ファックスかメールをします。」と書き込んだ。消極的どころかろう者としてのアイデンティティを確立した自信あふれる児童の姿が明らかである。また、ろう教員が語る姿に憧れ、小4で七夕の手話語りに挑戦した子がいた。一般的なストーリーと違うので尋ねると、七夕の「奄美バージョン」を読んでとても魅力的だったので自力で日本手話に翻訳したとのことだった。ここにも、自ら学びを楽しみ、深めていく児童の姿が見てとれる。

3.3　成長する二言語教育

　自信をもって学ぶ子どもたちに応えるべく毎年、研修会が開催された。そこで教員・保護者は、異文化理解、二言語間翻訳の留意点等、多彩なろう講師から多くの学びを得た。子どもたちが体現してくれて札幌に萌した、ろう者である自分を追究する「デフフッド」（ラッド，2007）は、後の宮城教育大学松崎

丈教授の研修会「デフフッドの考え方を取り入れた授業づくり」（2020、2021 年度）に繋がっていく。

　全学部で二言語による学びが展開されたのに加え、2012 年度からもう一つ重要な取り組みが乳相で始まった。外部ろう講師による乳幼児・保護者の本格的な支援である。特に、日本手話での絵本読みを重視して乳児期から積極的に行った。9 か月間、聴者の親が日本手話で我が子へ絵本を読む実践を観察した結果、親子の視線共有回数（共同注意）の増加、子の日本手話の発語の幅が広がったこと、ろう講師の的確な助言が親を支えたことが記録されている（田中・佐野，2018）。

　さらに 2014 年度には、「日本手話を基盤とし、音声日本語も活用する」二言語クラスが幼稚部に編成された。これは、人工内耳を装用する子どもが増え、音声の活用も望む保護者が増えてきたことに対応する流れである。ただし重要なのは、人工内耳を装用していても、音声のみに言語入力を頼るのではなく、音声も活用しつつメインは日本手話による学びを保障するという点である。それによって、聞こえの度合いが多様であるクラスの中で、日本手話を共通言語とした学びのコミュニティが成立する。共通言語があるからこそ、子どもたちは自由に語り合い、ジョークに笑い、けんかも仲直りもできる。日本手話という共通言語により協同学習が成立し、その中で子どもたちの心が豊かに育っていく。小 1 の動物園見学の事前学習でペアごとにルートを決める際に「先生、○○ちゃんは歩くのがゆっくりだから、私たちは見る動物をひとつ減らしていいですか。」と友達の体力を慮った柔軟な提案がされていた。1 年生にして、これほど互いを思いやり、主体的に計画を立てる力が身につい

たのは子どもたちに共通の言語があったからである。

　子どもたちの言語活動は、まさに「マルチリンガルがもつすべての言語リソースを、言語の境界線を超越してひとつのつながったレパートリーとしてとらえた概念」（加納，2016）であるトランス・ランゲージングを具現化している。例えば、小学部2年生の国語科の授業では「様々な児童の言語的なニーズに応えるためには、教師の発話は、すべての児童に平等に届く日本手話がまず主要なツールとなり、さらに児童のリテラシー育成という教科目標のため、書記日本語を提示する場面が多くなる。しかし、児童の発話になると、手指日本語や音声日本語、及びジェスチャーなど様々なコミュニケーション様式が展開し、まさにトランス・ランゲージング・スペースが確保されており、彼らの能動的な学習参加を可能にしている」ことが観察されている（佐野・田中，2019）。こうした優れたバイリンガル教育の実践により子どもの認知能力も二言語を駆使する学習の中で深まっていった。ある6年生は思考の基本的構造とされる自分の内言（ヴィゴツキー，2001）を、「日本手話で語る自分の映像に日本語字幕が流れるユーチューブ型」と分析しているが、これも優れたメタ言語能力の発達を示すものである。

4．暗転する二言語教育

　2018年度、二言語教育の成果を見て、手話も音声言語も大切であると認識され、当時の校長が職員会議で、乳相、幼稚部から順次「二言語」の方向で学級編制が行えるよう調整すると話した。ところが、2019年度に着任した後任の校長が「道教

委の指導により聴覚口話クラスを存続する」と二言語教育の方針を翻したのである。そこから日本手話クラスの廃止方向が可視化され始めた。保護者が二言語教育の維持発展を要望しても校長は「問題はない。研修も行っている。」と答えるのみであった。定年退職を控えた教員が、若手教員への二言語教育の指導技術継承を無償の研修として申し出ても、校長は一切認めず、その教員の校地内立入を禁止した。日本手話で授業ができる教員が定年に達した際には再任用辞退届を書くことを校長が強要した。こうして、日本手話を用いたバイリンガル教育を実践できる教員がいない体制を作り上げようとしているのである。

　もう一つ看過できない動きとして、乳相の活動の縮小があげられる。帯広聾学校では2010年度、旭川聾学校では2018年度から希望者がいないとして日本手話クラスは編成されていない。札聾でも同様に、乳相の活動を縮小することにより、日本手話を求める保護者自体の消滅を狙おうとする道教委の思惑がありありと見える。

　2022年3月、この状況を危機ととらえた筆者らは、オンラインでの署名活動（https://chng.it/pxLTqWjp）を始めた。多くの賛同のコメントとともに、22,427人もの署名が集まっている（2023年4月14日現在）。

　日本手話で教えられる教員の補充がないため、2022年度は日本手話での授業が保障されない学年が生じる体制で、年度が始まった。校長が、「適切な配置」といった担任たちは日本手話ができなかった。現実には、何気ない会話も子どもたちと交わせない。算数の授業中、児童が日本手話で正答したのに担任が読み取れず曖昧なまま流されてしまった。児童は混乱し、担

任の言っていることがわからない自分を責め、次第に学習に意欲を失っていった。その児童の保護者は一学期始業式当日から校長との面談を望んだが、校長は一度も会わず、状況は改善されなかった。この児童が 2022 年 7 月、「日本手話で学ぶ権利」の保障を求めて北海道に対する提訴に踏み切ったのには以上のようないきさつがあったのである。

　この提訴から半年が経過した時点で、また一人別の児童がこの訴訟に加わった。この児童の担任も日本手話の運用能力が低く、授業はおろか日常的な会話すらままならないレベルである。担任は自らの日本手話の運用能力の低さから、聞こえの度合いの軽いほかの児童を頼ってコミュニケーションをとり、結果としてこの児童は自己肯定感を著しく低下させ、登校できなくなってしまったのである。2 名の児童は他の児童とともに、札幌弁護士会に人権救済申立も行っている。

　ろう教育の主体は子どもである。二言語、二文化を基盤として伸び伸びと育っている子どもたちが、また、聴児よりも劣る、社会的な（聴覚）障害者にされてしまう日々が戻ってしまう。道教委、札聾校長は、学級担任が替わった途端に会話も通じず、学びの機会を奪われてしまった子どもの心情を想像しなかったのであろうか。2021 年、札聾の聴者のベテラン教員が初任者に「聴覚口話法は聞こえる先生に都合のいい指導法だ」と、これを推奨していた。聴能主義はかくも根深いものである。しかし、札聾二言語クラスのある保護者は、「この子たちは、将来、必ず新しい価値を生み出す存在になる」と言った。自分とは違う言語と文化に生きる我が子の成長を信じ、それに敬意を払う保護者の姿がそこにあった。教える側の都合ではなく、当事者

であるろう児の言語と文化に敬意を持ちつつ、その学びを支えていく道を探ることこそ、ろう教育に携わる者の使命ではないだろうか。

参考文献

ヴィゴツキー, レフ著　柴田義松訳（2001）『思考と言語　新訳版』新読書社

加納なおみ（2016）「トランス・ランゲージングを考える—多言語使用の実態に根差した教授法の確立のために—」『母語・継承語・バイリンガル教育（MHB）研究』12, 1–22.

木村晴美・市田泰弘（1995）「ろう文化宣言—言語的少数者としてのろう者」『現代思想』第 23 巻 3 号 , 354–362.

佐野愛子・田中瑞穂（2019）「バイリンガルろう教育における教育手法としてのトランス・ランゲージング—授業分析スキーム BOLT の開発—」『母語・継承語・バイリンガル教育（MHB）研究』15, 55–75.

全日本ろうあ連盟（2023）「「手話の捉え方」について」（https://www.mext.go.jp/content/20230228-mxt_tokubetu01-000027851_02.pdf）

田中瑞穂・佐野愛子（2018）「日本手話話者の支援を活用した聴母によるろう児への絵本読み活動とその効果」『母語・継承語・バイリンガル教育（MHB）研究』14, 69–88.

森川佳秀（2006）論点「聾学校の言語教育　手話よりも『読唇』優先で」12 月 7 日　読売新聞

文部科学省（2020）『聴覚障害教育の手引』（https://www.mext.go.jp/content/20230228-mxt_tokubetu01-000027851_01.pdf）

ラッド, パディ著　森壮也監訳　長尾絵友子　古谷和仁　増田恵里子

柳沢圭子訳（2007）『ろう文化の歴史と展望　ろうコミュニティの脱植民地化』明石書店

レイン，ハーラン著　長瀬修訳（2007）『善意の仮面　聴能主義とろう文化の闘い』現代書館

第 I 部

ろう教育における「手話」

第 I 章
日本手話とはどういう言語か

森壮也

1. はじめに

　日本のろう者が日常生活で用いている日本語とは違う独立した言語をわたしたちは日本手話と呼んでいる。ただ、これまで長いこと、この日本手話については多くの誤解やネガティブな評価が寄せられてきた。例えば、①手話は言語ではない、ジェスチャーの寄せ集めに過ぎない②手話には助詞がないので日本語と比べて劣った言語である③手話は世界のどこでも通じるか

もしれないが、それは手話には言語と言えるだけの特徴が欠けている等々である。一方、聞こえない人たちの障害当事者団体の中でも会員数が日本最大である財団法人全日本ろうあ連盟のような団体でさえも、手話についての正確な事実を把握しているかというと必ずしもそうではない。この団体が唱導して進めている手話言語条例を求める動きやそれに呼応して始まった政治家たちの団体で、どのような手話が用いられているかをつぶさに見てみると、ただ手話という一語を用いているからというだけでは済まされない問題も散見される。ろう者の集団の中で長いこと用いられてきた手話とは異なる音声日本語の文法に従いながら手話の語彙を並べていく手指日本語（俗称：日本語対応手話）と呼ばれるものも同じように手を動かしているようだから手話であるとしているケースも多い。こうした手指日本語の場合には、当然のことながら日本語の語順でやれば良いので、音声日本語を発しながら同時に手を動かす。

　しかし、ろう者集団の中で培われた手話は、当然のことながら聞こえない者同士の日常の会話で使われているわけである。そこに音声日本語の発声は相手にその声が届く訳ではないため、発声はほぼ意味を持たない。しかし、同時に日本では昭和のはじめにそうしたろう者の手話を否定し、音声日本語を発声できるようになることが社会生活を営むためには必要であるといういわゆる口話法と呼ばれる教育法が耳の聞こえない子どもたちの教育の現場に欧米から導入された。このこともあり、現在でも多くの聾学校が口話法で子どもたちを教えている。このため、日本語の発声を強いられてきた人たちの中には十分とは言えない日本語を発声しながら手話を用いる人たちがいるのも事実で

ある。こうしたマイノリティ言語として抑圧された状況の中に
あった日本手話について本章ではコンパクトな形で説明する。

2．日本手話

　1960年代頃から従来、手真似、手勢などさまざまな呼称で
呼ばれてきた手話であるが、これに対し言語学的なアプローチ
を試みる研究がわが国でも出てきた。そうした中で、日本手話
学術研究会という研究会が発足し、海外の研究の紹介も含めて
議論されるようになってきた。日本手話学術研究会では、
1970年代に栃木県立栃木聾学校の教員で後に同研究会の会長
となった田上隆司が、伝統的手話という呼称を用いるように
なった。これは、田上らが教育目的のために考案した、聾学校
内で日本語教育のために使用することを想定して人工的に作っ
た栃木法と呼ばれる同時法手話に対応するものとして、従来か
ら用いられてきた手話をこのように呼んで区別したものである。
どちらも手を動かすというところは似ているが、伝統的手話が
自然にろう者の社会で生成されたものであるのに対して、他方
の栃木法手話は日本語教育のために考案された人工言語である
という違いを持つ。しかしその後、1980年代に入ってから、
この伝統的手話という呼称は何か古くさいものを指しているよ
うだという指摘や、従来型の手話にも聾学校で教育を受けた人
たちの社会で用いられているものと、不幸にしてろう教育を受
けられなかった聞こえない人たちが家庭内で独自に発達させた
ものなど色々な種類があるという研究結果が出てきた。このこ
とから、前者を日本手話、後者をホーム・サイン（家庭手話）

と呼ぶようになった。もちろん初期の研究の頃から、これらは日本語の口型とは異なる口型を伴うことがあり、少なくともずっと日本語を発声しながら用いることはできない、日本語とは独立した言語であるという指摘がなされていた。その後、1990年代に入り、言語的マイノリティとしてのろう者集団についての認識が広まる中で、日本手話がどのように日本語と異なる文法を持つのかという研究が一層盛んに行われるようになった。また海外の言語学者による日本手話の研究も行われるようになった。

　そうした中で、日本手話が音声日本語と同じSOVという基本文型を持つ一方で、疑問詞については、音声日本語では文の冒頭に来るのが基本的な文型であるのに対し、日本手話では疑問詞は文末に来ることや文の主語を示す指差しが文末に付け加えられること、手のみではなく、文の肯定文、否定文、疑問文といった基本的な区別は非手指動作と呼ばれる顔やあご、肩などの動きが重要な意味を持つこと、ロール・シフトと呼ばれる英語の間接疑問文のようなスタイルでは日本語にはない話し手が他者に成り代わる語法があることなど、色々と興味深い日本手話の特性が浮かび上がってきた。これらは、いずれも日本語とは異なる文法であるため、日本語を発しながら同時に発する手指日本語ではなしえないものである。

3. 日本手話と手指日本語（日本語対応手話）

　日本手話が手指日本語とは別の独立した言語であり、手指日本語は音声日本語と文法構造が同じで、日本語の手指を用いた

表現であることが分かった。しかしどちらも視覚的な表現であり、手指を主として用いている。こうした区別のことを手話言語学では、伝達形式（モーダリティ）と呼んでいる。日本手話と手指日本語はどちらも視覚・手指モーダリティの言語なのである。一方、英語やフランス語はどちらも音声言語で伝達形式は聴覚・音声モーダリティの言語である。しかし英語とフランス語は別の言語であることを私たちは知っている。この区別のことを文法形式（コード）と呼んでいる。つまり、英語とフランス語は文法形式が異なる言語だから、片方が分かったからといって、もう片方が分かる訳ではなく、英語ができるようになるためには英語の文法を学ばなければならず、フランス語ができるようになるためにはフランス語の文法を学ばなければならない。

　日本手話と手指日本語の例に戻ってみよう。この２つはどちらも先ほど述べたように視覚・手指モーダリティの言語であるが、だからといって文法形式も同じだろうか。残念ながら両者の文法形式は異なる。日本手話には日本手話の文法があり、手指日本語には音声日本語と同様の文法がある。片方を学んだからと言って、他方が自然に学べるわけではない。この２つの言語の区別は重要であり、多くの一般の人たちが、手が動いていればすべて手話であると誤解をしてしまうのはやむを得ない部分もあるが、手話についての無知のなせる業であると言える。

　ところで日本の聾学校では、こうした両言語の区別はしっかりと認識されているだろうか、また文部科学行政ではどうだろうか。現在の日本の聾学校の多くの状況を見るに、残念ながら

この区別はよく認識されているとは言えず、聾学校に赴任した教員には日本手話を学ぶ公式の機会が与えられていない。教員は見よう見まねで生徒たちから日本手話を学ぶことになるが、教員たちの母語である音声日本語からの影響はこの学習過程に非常に強く影響する。このため、教員たちの多くは両者の区別をよく認識できないまま、自分の知っている音声日本語の文法に合わせて生徒から学んだ日本手話の語彙を載せていく。すなわち、多くの聴者の教員が用いるのは手指日本語ということになる。ろうの生徒の方は、自分たちが使っている日本手話とは教員の手話は異なることを知っているが、教員から発される手指日本語の語彙は理解できるので、それを手がかりに教員が何を言っているのかを理解しようとするという状況が生まれる。こうした状況は世界中で報告があり、それが不十分なコミュニケーション状況を産み、ろうの生徒が聾学校に通っていても正しくさまざまなことを学ぶことができない状況につながっているとされている。

　また日本の文部科学行政では、聾学校であれ、一般の学校であれ、学校では日本語を学ぶことを暗黙のうちに大前提としている。また小学校に入学する子どもたちは、入学前に既に音声日本語についてはこれをマスターしているという前提で指導要領が作成されている。小学校で学ぶのは、その音声日本語能力の鍛錬や書記日本語についての学習である。聾学校でも同様に考えられているため、一般の学校で用いられているのと同じ教科書とカリキュラムが使用されているが、そのために、耳からの音声日本語のインプットを持たないまま、聾学校の小学部に入ってくるろうの子どもたちにとっては、最初のスタート地点

から聴児の教育とは差が付けられていることになる。この差を埋めて聴児並の授業をしようと、聾学校教員は日本語を子どもたちに教えるのには、日本語の一形態である手指日本語を使うことが良いことだと盲信してしまっているケースがある。しかしながら、媒介言語も持たず、授業言語についての深い考察もないままに、いきなり目標言語と同じ言語を用いて、聞こえない子どもにはバリアのある日本語で子どもたちを教えようとすることがどれほど無謀な試みであるかは、説明するまでもないであろう。日本語を母語として獲得できているわけでもないろう児にとっては、手指日本語はまったくの外国語である。媒介言語でもない。少なくともろうの子どもたちが出生から間もない時点でも自然言語として手指日本語をまず獲得したという報告は世界のどこにもない。彼らが親から学ぶのは、基本、自然言語であり、それは日本手話である。

　子どもたちにとってもっともバリアの低い自然言語を学ぶ機会を保障するというのは、ろうの子どもたちの人権の問題である。聴児が自然に日本語に囲まれた環境で日本語を獲得するのと同じようにろう児は日本手話を獲得することができる。それを特別な教育であるというお題目のもとに、教育ではなく、言語トレーニングであると称して、手指日本語や音声日本語のインプットにいそしんできたのが従来の聾学校の教育である。ろうの子どもたちが自分にとって最も自然に学べる日本手話で学びたいという声を挙げたとき、私たち大人がそれに対し、否定することが果たしてあるべき態度だろうか。否、その声と意味するところをくみ取り、最大限、バリアの低い教育環境を整え、子どもの母語の発達を支援することで、第二言語としての日本

語の発達の礎を築くこと、社会への扉を開くこと、それこそが教育の場で私たち大人がやらなければならないことのはずである。以上の意見を札幌聾学校の日本手話クラス存続裁判に際して申し上げたい。

4．まとめ

　以上、述べたことをまとめると、日本手話は視覚・手指モーダリティの言語という意味で、手指日本語と似た側面も持つが、それはあくまで伝達形式が似ているというだけで、文法形式は全く異なる手指日本語や音声日本語とは別の独立した言語であるということが一点、そして二番目に、ろう児の教育で用いられるべきは、自然言語である日本手話であり、特にろう児自身から自分にとって一番自然な言語である日本手話で学びたいという要望が出ている時に社会や大人がすべきことは、このろう児にとって最もバリアの少ない自然言語である日本手話で学べる環境を用意してあげるということである。

第2章
ろう児の発達における日本手話の重要性

松岡和美

1. はじめに

　「ろう者の第一言語である日本手話で学習を受ける権利」を考える際には、まず以下の点を確認する必要がある。

- 日本手話が日本語とは全く異なる言語であること
- 日本語対応手話（手話アシスト日本語）は、日本手話の代わりにはならないこと

- 子どもの学習のために、早期の安定した言語獲得が重要な役割を果たすこと

　この章では、日本手話がどのような特徴を持ち、どのように日本語と異なるのかを、手話に馴染みのない読者や、日本語対応手話（手話アシスト日本語、後述）の使用者にも理解しやすいように解説したい。日本手話は「目で見る子ども」「目で見る人々」に最も適切な形で進化した言語であることがわかれば、ろう児の教育の土台、つまり年齢に応じた認知面の発達を促すために日本手話がどうしても必要だという結論が自ずから導かれるはずである。

2．日本手話と日本語対応手話（手話アシスト日本語）

　日本手話の最も厳格な定義は「日本でろうの親の元に生まれたろう児が母語として自然に身につける視覚言語」である。しかし実際にはろう児の大多数が聴の親の元に生まれることが各国で報告されており（Michell and Karchmer, 2004）、日本手話を第一言語（ここでは「話者が負担を感じず言いたいことを表現できると感じられる言語」と定義する）とするろう者は、必ずしもろう家庭出身とは限らない。聴家庭であっても、養育者が視覚言語の重要性を理解し、日本手話を習得して成人ろう者の協力を得ながら子育てを行ったり、聾学校幼稚部でろうのクラスメートやろう保護者と交流したりすることで、ろう難聴児が日本手話を第一言語として身に付けることも一般的である。したがって、より現実に即した日本手話の定義は「日本のろう

コミュニティで自然に発生して確立した視覚言語」となる。コミュニティで自然発生した言語である以上、視覚言語にも音声言語と同様の多様性が見られる。世界の言語に関する情報を専門家のグループが公開しているエスノローグ（Eberhard et al., 2023）公式サイトでは、2023 年時点で 159 の手話言語が挙げられている。

　日本手話を含む「目で見ることば（視覚言語）」の最大の特徴は「複数の身体部位および空間情報を用いて、多くの情報をわずかな時間でほぼ同時に伝達する」ことである。これは「単一の発声器官で調音された言語音を、時間軸に沿って連結することで情報を伝達する」（日本語を含む）音声言語とは本質的に異なる性質である。

　例えば以下の手話文を観察すると、手指の表出はまったく同じでありながら、眉・目・あごなどの手指以外を用いた文法的な表現が加わることで異なる疑問文が生じることがわかる。

Yes-No 疑問文	WH 疑問文
「はい」「いいえ」で 答えることができる	「誰」「何」「どこ」「いつ」 のような語が含まれている
＿＿ q ／佐藤／	＿＿ wh ／佐藤／

 眉上げ
目の見開き
あご引き

 眉上げ
目の見開き
首振り

（佐藤さんですか？）　　　（佐藤さんはどこですか？）

「NHK みんなの手話」2018 年 4-6 月／ 10-12 月テキスト P.15

左側の「はい」または「いいえ」で答えられる疑問文（Yes-No 疑問文）では眉上げ・目の見開き・あご引きが必須で、それに対して疑問詞を伴う疑問文（WH 疑問文）は、眉上げ・目の見開き・細かい横の首ふりを伴う。他にも話題化文・条件文や、表したいものの形や様子を写し取る CL 表現に見られる、詳細かつ規則的なパターンもよく知られた例である。その具体例と解説は松岡（2015, 2019）、岡・赤堀（2011）などを参照されたい。

　異なる空間位置を指や手のひらで指し示したり、複数の空間位置で示された概念を手の動きで結び付けたり対比させる表現も頻繁に使用され、この性質はろう・聴にかかわらず初等教育の現場においても有効であるという指摘がある（Bauman and Murray, 2014）。手話の文は全般的に日本語よりも短いことが多いが、非手指表現や空間表現が同時に使われるため、一文の情報量は音声言語とほとんど変わらない（Klima and Bellugi, 1979:184–187）。主語を明示する傾向が強いこと、話の結論を冒頭に述べる談話の流れが好まれること（松岡, 2015:90–92）も日本語とは異なる特徴である。

　日本語対応手話（手話アシスト日本語）は、音声日本語の文に日本手話の単語を借用して、文の一部を可視化したものである。対応する手指表現がない部分（助詞や語尾の活用など）は日本語通りの口の動き（口話）・指文字・人工的に造語された表現などで補われる。「手指日本語」という呼称もあるが、実際には音声日本語のすべての語に対応する手指表現が伴っていないことが多い。たとえすべての表現ではなくても、日本語を可視化する目的で手話表現が使われている実態に合わせ、ここ

では「手話アシスト日本語」という用語を提示する。「電動アシスト自転車」が「電動装置が人力の補助手段として駆動力を増す自転車」であるのと同様に「手話単語が補助手段として視覚情報を増す日本語」ということである。

　どのような補助手段を使おうと、日本語対応手話（手話アシスト日本語）においては先に述べた「言語音を時間軸に沿って連結する」日本語の本質が保たれているため、日本手話を母語・第一言語とする話者にとって円滑に理解できるものではない。日本語対応手話（手話アシスト日本語）はあくまでも日本語を母語・第一言語とする話者に最適な補助コミュニケーション手段である。「コミュニケーション手段」であるがゆえに、使用者の使いやすさに応じた「調整」も頻繁に行われ、その結果、手話表現の借用元である日本手話の話者が強い違和感を持つに至る音韻や意味の「改変」も見られる（松岡，2019:204–205）。日本語対応手話（手話アシスト日本語）と日本手話の文法が入り混じった「混成手話（松岡，2015:10）」という概念もあるが、文法的にどちらとも判別しづらい事例は実は少なく、日本手話と日本語の知識を持つ当事者であれば、「日本語寄り」もしくは「日本手話寄り」と、どちらかの言語が主であると判別可能なケースの方が多く見受けられる。

　次節では、実際の動画を用いて日本手話と日本語対応手話（手話アシスト日本語）を比較する。

３．動画に見られる違い

　日本手話と日本語対応手話（手話アシスト日本語）の違いを

動画で確認してみよう。日本語対応手話（手話アシスト日本語）と日本手話で、同じ日本語文「あなたのようになりたいです」を表した解説つきの動画が、国立障害者リハビリテーション学院手話通訳学科 Youtube チャンネルで公開されている（URL は以下を参照）。

 https://youtu.be/hjORtrxsO14

　まず日本語対応手話（手話アシスト日本語）の特徴を確認する。
　先に述べた通り、日本語対応手話（手話アシスト日本語）は、音声の有無にかかわらず日本語の通りに口を動かしながら、日本手話から借用（もしくは人工的に造語）した手指表現を表出する方法である。この例においても日本語文としての文法的性質が（助詞や活用語尾を示す）口の動きで補われ、保たれてい

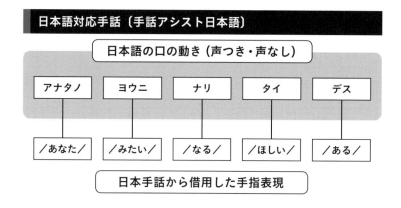

ることがわかる。手指を見ず口の動きを読み取るだけでも日本語文として理解可能であることも、このコミュニケーション法の特徴である。また、この例文で見られる通り、日本語文の特性として（特に一人称・二人称の）主語が頻繁に省略される。

　次に、三つの日本手話例文を見てみよう。①から③に進むに従い、より「日本手話らしい」表現が観察できる。

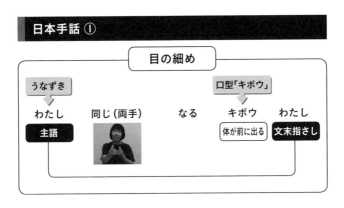

　日本手話の文では日本語文とは異なり、一人称の主語が明示されている。手の動きと同時に表出されるうなずきで、手話表現／わたし／がこの文の話題であることが示されている（日本語の助詞「〜は」と同等の役割）。／同じ／の両手が相手と自分を示す位置に置かれており、誰と誰が同じなのかが一目で判別できる表現になっている。文全体にかかる目の細めは謙虚さ・相手への尊敬を表す。手話単語／キボウ／と共起する口型「キボウ」は、気軽なニュアンスの願望を伝達している。文の最後に、主語と呼応する日本手話の文法表現「文末指さし」が現れている。

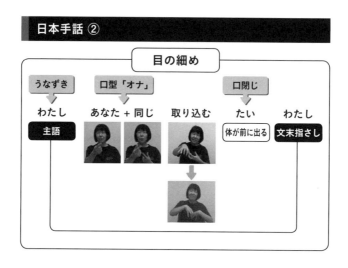

日本手話②

目の細め

うなずき
わたし
主語

口型「オナ」
あなた ＋ 同じ

取り込む

口閉じ
たい
体が前に出る

わたし
文末指さし

　次に見る日本手話②の特徴は、空間がより効果的に使われて
いることである。
　日本手話①と同様に主語が明示され、うなずきで話題が示さ
れる。その後、／あなた／を指さした利き手はそのままの位置
で、非利き手は話者の身体に近い位置で、両手手話／同じ／が
表出される。誰と誰が「同じになる」のかが、さらに把握しや
すい表現となっている。続けて、相手と自分の（話者が望む心
的な）関係を空間で表現し、相手の位置から自分の位置へイ
メージを取り込むような手の移動が見られる。この例において
も文全体にかかる目の細めで謙虚さと相手への尊敬を表現しつ
つ、／キボウ／の表出時には力を込めた口閉じにより、日本手
話①の場合よりも強い願望を表現している。文末指さしが生じ
ることは①の例と同様である。
　最後に取り上げる日本手話③には、／あこがれ／という語

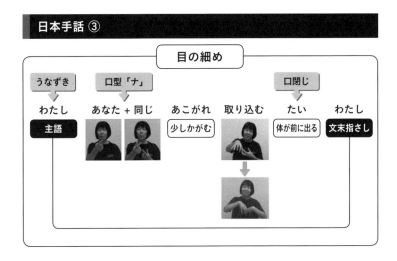

日本手話 ③

が含まれている。

　非手指表現は日本手話②の文とほとんど同じであるが、／あこがれ／という表現が、話者の体を縮めるような動きと同時に表出されていることで、聞き手に対する話者の尊敬の念がより明確に示されている。

　これまで見てきたように、日本手話は日本語に手指表現を補助的に追加したものとは根本的に異なる文法的特性を備えている。ろうコミュニティの手話はジェスチャーと混同されがちであるが、音声言語の分析と同じ手法（ミニマルペアを用いた分析）で見いだされる「抽象的な語の構成要素」があることや、認識モダリティや義務的モダリティを示す語の意味的な範囲に大きなズレが見られること（松岡, 2019）など、日本手話と日本語の違いには英語と日本語に匹敵する差異がある。1960年代にアメリカで始まった手話の言語学的研究は、現在もその

洞察を裏付ける成果をあげ続けている。

４．ろう教育におけるろうコミュニティの手話の重要性

　一般的な聴者の想定に反して、ろう教育の現場で日本手話はほとんど用いられていない。日本手話が日本語と異なる言語であることを認めながらも、ろう教育の目的は（書記）日本語による教科教育であり、したがって日本語に近い表現手段である日本語対応手話（手話アシスト日本語）を用いるべきだという主張も根強く見られる（上農，2020 など）。しかし近年の研究では、ろうコミュニティの手話の文法習得レベルが書記英語の読解能力と相関することを示す研究成果が数多く発表されている（Chamberlain and Mayberry, 2008 など）。また、より多くアメリカ手話に触れて生活しているろう児童・生徒（8 歳〜16 歳）は、手話に触れる機会が少ない生徒と比べて、手指英語・書記英語の読解力スコアが高いことも報告されている（Hoffmeister，2000）。ろうコミュニティの手話が書記言語に本当に無関係であるならそのような結果は得られないはずだが、現実はそうではない。それはなぜか。

　子どもが獲得する第一言語は、認知発達の基盤を築くために必須のものである。特に初等の教育は「教科学習」のみで成り立っているものではない。就学前から継続する認知的な発達に加えて、周囲の人物との関係性を築くための社会的な交流を通した自己実現が、子どもの学びの大前提となることを見過ごしてはならない。第一言語として自然に獲得が可能で、周囲との円滑な情報のやりとりや自己の内面を表現できる視覚（手話）

言語を持つことが、子どもの心的・知的な発達と、好奇心を通した学習への動機づけの基盤となるのである。「自分の周りで何が起こっているのか・何が話されているのか」を理解し、必要に応じて周りに質問できることは、子どもの精神的な安定をもたらし「社会的やりとりを通して、自己意識が芽生える（内田，2017:37）」環境を保証するものとなる。

ろうコミュニティで確立した手話言語を母語とするろう児の言語発達が、音声言語を母語とする聴児とほぼ同じ月齢・年齢において類似のプロセスを経て進むことは、学術的に確立された事実である（松岡，2019:218–219）。そのような知見の拡がりとともに、自然に身に付けられる手話言語からろう児を遮断することは「言語剥奪」であり、その結果としてろう者の心身に取り返しのつかない影響がもたらされることも知られるようになった。同じ家族と食卓を囲みながら家族間の対話コミュニケーションからろう難聴者が疎外されることで生じる「ディナーテーブル症候群（Meek, 2020）」は言語剥奪環境の一例で

ある。自身も当事者であるミークは、成人家族の対話を聞くことを通して一般常識や知識を得る機会が失われることのみならず、家族との心のつながりが確立できないために生じる不安が子どもの精神的な発達に悪影響をもたらすことを詳細に論じている。言語は単なる情報伝達手段にとどまらず、他者と共感を持ってつながり、時には意見の違いを確認し合い、記憶を整理してつなぎとめる機能を持つ、人間にとって欠かすことのできないものである。それを踏まえれば、家庭では養育者が、学校においては教育者が、ろう児が負担なく使える言語を共有する必要性は自明のことであろう。

　日本語を既に習得した話者の補助手段である日本語対応手話（手話アシスト日本語）は「日本手話を第一言語とするろう児の教育」という目的にはそぐわないものであり、子どもに無用な負担をもたらすものである。日本語対応手話（手話アシスト日本語）のみを用いる教育が日本語の習得に必ずしも寄与しないことは、ろう学校に就学した日本手話話者のろう者が繰り返し述べているところである。日本のろう者の証言については中山（2014）を参照されたい。ろう児が負担を感じず身に付けられる日本手話があれば、それを媒介言語として第二言語である日本語の指導もスムーズに行えることが、先に述べた多くの研究成果で示されている。

5．おわりに

　本章では、まず一般公開されている動画の解説を通して日本手話と日本語対応手話（手話アシスト日本語）の違いを明示し

た。それを踏まえて、日本手話は「目で見る子ども」が負担なく習得でき、他者とのやりとりを通して知識・思考を深めることができる言語であることを論じた。ろう・難聴当事者の研究者が、様々な学術分野に影響力を与える成果を国内外で発表している事実は、ろうコミュニティの手話（自然言語としての手話）を第一言語とすることと、高度な学術活動が両立することを示しており「ろう者の手話では抽象的な思考ができない」という言説が根拠のない偏見であることの証左である。最近の研究でも（音声情報に触れることの有無にかかわらず）自然言語としての手話の習得が確実に行われれば、ろう児の脳の実行機能（executive function: 目標を達成するために計画を立て、それに従い自らの行動や思考を調整する認知機能。学習の基盤となることが知られている）は音声言語を習得する聴児と変わらないことを示す研究成果が発表されている（Hall et al., 2017; Goodwin et al., 2022 など）。「ろう者の第一言語である日本手話で学習できる」ことはろう児の権利であるのみならず、最も適切かつ効果的な教育手法である。

参考文献

Bauman, H-Dirksen and Joseph J. Murray. (2014) *Deaf Gain: Raising the Stakes for Human Diversity*. Minneapolis, Minnesota: University of Minnesota Press.

Chamberlain, Charlene and Rachel Mayberry (2008) 'American Sign Language syntactic and narrative comprehension in skilled and less skilled readers: Bilingual and bimodal evidence for the linguistic basis of reading' *Applied Psycholinguistics*, 29（3）, 367–388. doi:10.1017/S014271640808017X

Eberhard, David M., Gary F. Simons, and Charles D. Fennig. eds.（2023）Ethnologue: Languages of the World. Twenty-sixth edition. Dallas, Texas: SIL International. Online version: http://www.ethnologue.com.

Goodwin, Corina, Carrigan, Emily, Walker, Kristin, Marie Coppola.（2022）'Language not auditory experience is related to parent-reported executive functioning in preschool-aged deaf and hard-of-hearing children'*Child Development* 93（1）, 209–224 https://doi.org/10.1111/cdev.13677.

Hall, Matthew L, Inge-Marie Eigsti, Heather Bortfeld, and Diane Lillo-Martin （2017）'Auditory deprivation does not impair executive function, but language deprivation might: Evidence from a parent-report measure in deaf native signing children' *The Journal of Deaf Studies and Deaf Education*, Volume 22, Issue 1, 9–21, https://doi.org/10.1093/deafed/enw054 .

Hoffmeister, Robert J.（2000）'A piece of the puzzle: ASL and reading comprehension in deaf children. In Chamberlain, Charlene, Jill Morford, and Rachel Mayberry（eds）. *Language Acquisition by Eye*. 143–163. New York: Psychology Press.

上農正剛（2020）「聾教育における手話と書記日本語の問題　現実の中で議論するために」『手話学研究』29.2: 74–93 https://doi.org/10.7877/jasl.29.2.74.

Klima, Edward and Ursula Bellugi.（1979）*The Signs of Language*. Cambridge, Mass.: Harvard University Press.

松岡和美（2015）『日本手話で学ぶ手話言語学の基礎』くろしお出版

松岡和美（2018）「ＮＨＫみんなの手話」2018年度 4–6月 /10–12月テキスト . ＮＨＫ出版

松岡和美（2019）「手話言語」窪薗晴夫（編）『よくわかる言語学』202–219. ミネルヴァ書房

Meek, David R.（2020）'Dinner Table Syndrome: A phenomenological study of deaf individuals' Experiences with inaccessible communication.' *The Qualitative Report*, 25（6）, 1676–1694.

Mitchell, Ross and Michaela Karchmer（2004）Chasing the mythical ten percent: Parental hearing status of deaf and hard of hearing students in the United States. *Sign Language Studies* 4.2:138–163. https://www.jstor.org/stable/26190985

中山慎一郎（2014）「ろう者がろう者に聞く―ろう学校でリテラシーは育成されたか」佐々木倫子（編）『マイノリティの社会参加 障害者と多様なリテラシー』70–86. くろしお出版

岡典栄・赤堀仁美（2011）『文法が基礎からわかる　日本手話のしくみ』大修館書店

内田伸子（2017）『発達の心理：ことばの獲得と学び』サイエンス社

第3章
日本手話と日本語対応手話の特徴と違い

菊澤律子

1. はじめに

　筆者は国立民族学博物館人類基礎理論研究部（教授）および
総合研究大学院大学文化科学研究科（教授）に所属する言語学
者である。様々な言語が個別にもつ特徴の記述と、個別言語の
特徴を集約して言語の普遍性と固有性を明らかにすることを専
門とし、さらに個別の言語における変化の経緯を解明する研究
を進めている。日本語を第一言語とする聴者で、音声言語を数

言語使い、日本手話を簡単な日常会話・業務上の限られた文脈において使用している。研究においては「音声言語」および「手話言語」という、伝達方法が異なる言語の比較対照を通じて、人間の言語の本質的な特徴と、音と視覚シグナルの制約による違いを明らかにすることに関心がある。

　ユネスコの 2021 年の報告（UNESCO, 2021）では、世界では現在、約 7,000 言語が使われているとされており、この中には世界各地で自然発生し、言語としての構造をもつ「手話言語」も含まれている。手話言語の数は、記録されていないものも含めて約 300 〜 400 言語あると考えられており、世界の言語の記述情報を集めた *Ethnologue: Languages of the world* (Eberhard, Simons & Fennig, 2023) には、157 の手話言語名が収録されている。加えて、音声言語を視覚化して表現する「対応手話」が使われる社会が多く存在し、日本も例外ではない。これは、ほとんどの社会の主要言語が音声言語であることから、情報を聴覚障害者に伝えるためには音声言語を直接視覚化する手段が必要であるというニーズを背景としている。

　本章では、1）なぜ「日本手話」が言語だといえるのか、2）「日本手話」と「日本語対応手話」との違い、3）なぜ「日本手話」と「日本語対応手話」の相違に関する認知が進まないのか、について述べる。これらを理解することは、言語教育の場を含む言語政策、言語習得、支援工学等、言語に関わる社会のあらゆる側面において重要である。特に、「日本手話」と「日本語対応手話」が、異なる体系を持つ別言語であり相互理解が不可能であること、このふたつのいずれをも必要とする社会成員が存在することに対する理解と社会受容は、聴覚障害者の社会参

加につなげるために不可欠であることを強調したい。

2．「日本語」「日本語対応手話」「日本手話」の共通点 と相違点

　本節ではまず、「日本語」、「日本語対応手話」、「日本手話」のそれぞれの概要を描く。ここでは、「日本手話」が言語体系をもっていること、「日本手話」と「日本語対応手話」とは全く異なるものであり、相互に理解が不可能であることが特に重要な点となる。また、なぜ「日本語対応手話」と「日本手話」の違いが社会で認識されにくいのかについて、考えを述べる。

2.1　「日本語」「日本語対応手話」「日本手話」の概要
　「日本語」は、音声言語の一種で、現在、日本で広く使われている言語を指す。音声での伝達が基盤となっており、ここでは、「日本語対応手話」および「日本手話」と区別するために「音声日本語」と呼ぶ。自然言語の例にもれず、音声日本語には、地域や社会グループなどによってみられる様々な「方言」がある。また、日本語には、文字を使って言語を書き記す方法があるが、書かれた日本語に音声日本語と別の言語体系が存在するわけではない。ただし、書く場合には話す場合と異なる文体面での特徴がみられる場合があり、一般的には「話しことば」、「書きことば」という言い方でこの違いを指すことがある。ここでは、文字で書き記した日本語を、音声で表現する日本語と区別するために「書記日本語」と呼ぶ。
　日本語を視覚的に表現する方法には、書記日本語に加えて

「日本語対応手話」がある。「日本語対応手話」では、手指を用いて表現する単語を使いつつ、音声日本語の文法要素である「てにをは」などを、口の形や手の形（指文字）で示すことにより、日本語を表現する。日本語を表現するための一形態であることから、「手指日本語」と呼ばれることもある。図1に、「日本語対応手話」での、「男性が女性を好きです」という文を示す。左から右へと時系列順に表現を並べてあり、グレーに網掛けした部分をたどると、利き手および口の形を連ねて日本語の文をそのまま表現していることがわかる。そのため、「日本語対応手話」では、音声日本語を発音しながら手を同時に動かして表現することが可能で、非利き手は、単語の表現で両手が必要なときのみ使う。

　「日本手話」は日本語や日本語対応手話とは異なり、聴覚障害者の間で自然発生し、発達した視覚言語である。音声日本語同様、地域や社会グループなどによってみられる様々な「方言」を含む。視覚表現による語彙と、視覚・空間利用を利用した文法規則を有しており、「音声日本語」および「日本語対応

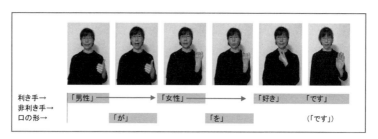

図1　文「男性が女性を好きです」の日本語対応手話での表現
（モデルは左利き）

手話」とは異なる文法構造をもっている。そのため、音声日本語や日本語対応手話を第一言語として育った者にとっては日本手話が第二言語（外国語）、逆に、日本手話を第一言語として育った者にとっては日本語は第二言語（外国語）となる。図２に、「男性が女性を好きです」という文を日本手話で表現したときの一例を示す。図１とは、「男性」「女性」「好き」という単語の組み合わせ方がかなり異なっている。具体的には、身体の前の空間を使い、利き手と非利き手の両手で二人の登場人物の文法上の関係（「する」人か、「される」人か）を示すこと、また、うなずきにより話題となる人物を示したり、文末を示したりするなど、空間と動きを使った文法体系となっている。音声日本語に従う「日本語対応手話」とはリズムも異なっており、聴者であっても、日本語を話しながら表現することはできない。

　ひとつのコミュニティで、音声言語、手話言語、対応手話もしくは手指音声言語（音声言語を手指表現により視覚化したもの）の三種類がみられることは、世界的には珍しいことではな

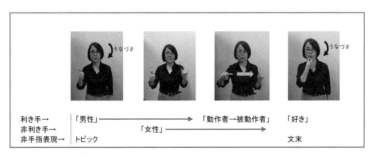

図２　文「男性が女性を好きです」の日本手話での表現例
（モデルは右利き）

い。例として、アメリカおよびイギリスの場合を、日本と並べて、表 1 に示す。対応手話／手指音声言語は、音声言語の視覚表示方法であるため、いずれの地域でも、音声言語と同じ言語名となっているが、手話言語は音声言語とは独立した別の言語なので、名称も異なっている。

表 1　三地域で使われる主要な音声言語およびその視覚表現と、手話言語

地域	アメリカ	イギリス	日本
音声言語	英語	英語	日本語
音声言語の手指表現	英語対応手話／手指英語	英語対応手話／手指英語	日本語対応手話／手指日本語
手話言語	アメリカ手話	イギリス手話	日本手話

2.1.1 「日本手話」の言語としての構造と特徴

　手話言語は、伝達に音声シグナルを使わないというだけで、構造的には音声言語と同様であることが、1960 年にアメリカ人の言語学者ウィリアム・ストーキーにより指摘された。現在、この考え方は、学術的に広く受け入れられている。日本手話が言語であることは、辞書と文法書を使う外国語学習のプロセスに即して考えるとわかりやすい。

　まず「辞書」だ。日本手話を使えるようになるためには、日本手話で使われる単語を覚えなくてはならない。例えば、図 3 の表現は、異なる地域で使われている日本手話の単語で、すべて同じ意味を表している。形を見ただけで、これらの表現の意味を推測することができるだろうか。

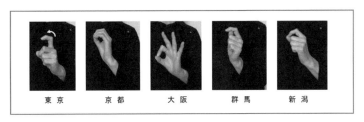

図3　同じ意味を表す日本手話の地域による表現
（相良，2021に基づく）（モデルは左利き）

　これらは、いずれも数の「10」を示す表現である。手話言語で使う表現は、ジェスチャーとは異なり、ひとつひとつ、単語として知らないと意味が理解できない。日本手話を使うためには、音声言語の外国語学習同様、基礎単語を覚え、どの形がなんの意味を示すのかを知る必要がある。

　次に、「文法」であるが、単語を知っているだけでは、単語が示す以上の複雑な意味を伝えることができない。単語の組み合わせの法則があってはじめて、世の中に存在するものだけではなく、想像上の生き物のような存在しない事象や、また哲学的な思考のように抽象的なことがらについても、考えていることを他者に伝えることができるようになる。手話言語の場合にも、文法を知らなくては、そのような意味を伝えることができない。ただ、この文法法則が視覚により成り立っているところが、音声言語とは大きく異なっており、音声言語を第一言語とする話者が手話言語を学習するときに、個人の得手不得手によって習得の度合いが大きく異なる面でもある。

　例えば、図2で示した文では、「男性」と「女性」というふたりの登場人物のうち、まず、「男性」と同時に行ううなずき

により、トピックが「男性」であることが示されていた。また、男性側から女性側への手の動きにより、好きだと思っている人が男性で、思われている人が女性だということが表現されていた。空間を使った文法表現は、視覚を活かす手話言語の典型的な特徴で、音声言語の「動詞の一致」にあたるものも空間を使って表現する。英語で動詞の語末に s をつけると、「する人」が三人称であることを示すのにあたる。例えば図4では、「メールする」という動詞の動きの起点と終点により、送った人と送られた人を表現している。

　以上に述べたような要素は文法規則なので、うなずきのタイミングや利き手と非利き手の使い方、手を動かす方向などが正確でなければ文として成り立たず、日本手話でのコミュニケーションにおいて、正確な内容を伝えることができない。

　このように、日本手話を使えるようになるためには、一般の外国語学習同様、単語を覚え、文法を習得する必要があるが、言語が効率よく情報を伝えるツールとして成り立つためには、実は、もう一つ仕掛けがある。それは、単語や文法を成り立た

利き手→　　　「男」　　　「女」　　　「メールする」
　　　　　　　　　　　　　　　　　動作者→被動作者への動き　　静止（文末）

図4　文「男性が女性にメールします」の日本手話での表現例
（モデルは右利き）

せている要素が「有限」である、ということだ。例えば、日本語の場合には、単語も文法要素も、k, s, t などの子音と a, i, u, e, o の母音が組み合わさってできている。子音も母音も、言語によって使われる数が決まっており、子音と母音が交互にくるなど組み合わせ方も決まっている。このように、私たちが言語を話すときには、有限の構成素を有限の配列で組み合わせている。これにより、物理的に連続するシグナルを聞いたときに、生物としてもっている認知的な能力の範囲内で、瞬時に発音を切り分け、意味をもつ要素として理解することができるようになっている。どの要素が使用され、どの配列が可能なのかは、言語ごとに異なる。このことを実体験できるのは、外国語を学習するときだ。新しい言語を使いはじめるときには自分がこれまで使ってきた言語とは異なる新しい要素と新しい組み合わせに慣れる必要がある。そのため、ネイティブスピーカーの発音が速く感じられ、聞き取れるようになるまでに時間がかかる。人間はこのように、認知可能な「有限」の要素から、「無限」の意味を産出して、自由に意志や思考を発信し、経験を相手に伝えている。

　手話言語の場合も、このからくりは同じだが、音声ではなく視覚シグナルを使うことから、有限である要素の種類が異なる。音声言語の子音や母音にあたるものは、指の曲げ伸ばしの組み合わせや手先や手のひらの向き、手の動きなどになる。使われる子音や母音の種類とその配列が日本語と英語で違っているように、これらの出現形と組み合わせは、例えば、日本手話とアメリカ手話、香港手話ではそれぞれに異なっている。新しい手話言語を学ぶときには、これまでとは異なる要素や配列に慣れ

る必要があり、「聞き取り」ならぬ「読み取り」が瞬時にできるようになるまでに時間がかかる。知り合いの日本手話話者が、「香港手話は速すぎて読み取れない！」などとこぼすのを聞いたことがあるが、これは、音声言語で勉強しはじめたばかりの言語のネイティブスピーカーの発音が速くて聞き取れないと感じるのと同じ現象だ。

　言語を使ってコミュニケーションを成立させるには、さらにもう一つ、重要な要素がある。それは、どの文脈で何を言うと、どう解釈されるのか、という運用面での知識だ。日常会話では、いわゆる「遠まわし」の表現を使って依頼を断ったり、その表現を聞き手が文字通りに解釈をしてしまい誤解が生じることがある。これには「文脈に応じて文の解釈が変わる」ということが関わっており、発言が誤解されたり、深読みされてしまう原因のひとつにもなっている。

　以上をまとめると、日本手話を含む手話言語と音声言語はいずれも、次のような人間の言語の特徴を共通して備えており、人間のコミュニケーションのツールとなっている。

　１）単語をはじめとするコード（意味と形の結びつき）が共
　　　有されている
　２）コードを並べて伝えるための文法が共有されている
　３）有限の要素を用いて無限の意味を産出できる
　４）文脈による解釈（文字通りではない意味の表現と解釈）
　　　が話者間で共有されている
有限の要素の組み合わせを使って認知的な負荷を抑えつつ、無限の意味表現ができるのが言語というツールであり、これに

よって、人間が、過去や未来、地理的に離れた場所のことや、相手が経験したことがないことを伝えたり、想像の世界のことや哲学的な思索、科学的事実など、無限の情報を伝えたりすることが可能になっている。

　最後に音声言語と手話言語の大きな違いについて述べる。それは、音声言語の場合には、一度に産出できる音声が一つに限られているため、言語として発出する音声シグナルも一本の糸のように流れるのに対し、手話言語では、両手と上体など、複数の器官を同時に使ってシグナルを発信することができるということだ。一方、音声言語の場合には、発声のための構音器官（シグナルを発信する運動器）が小さく、細かな筋肉運動によるため、時間あたりに産出できるシグナルの数が多いのだが、手話言語の場合には、一つ一つの器官が大きく、動かすのに時間がかかるため、時間あたりに産出できるシグナルの数が少ないという違いもある。音声言語でも手話言語でも、単位時間あたりの情報伝達量は同じだという研究成果が報告されているが（Myers et al., 2011）、これは、音声言語の場合には単位時間あたりのシグナル数を多くすることで、手話言語の場合には単位時間内に複数のシグナルを同時に発することで、いずれの言語を使う場合でも、人間の認知能力に応じた会話のスピードが調整されていると考えられる。

2.1.2 「日本手話」と「日本語対応手話」の違い

　「日本手話」と「日本語対応手話」は、ひとことでいうと「語彙の一部が共有された別言語」である。すなわち、両言語間のコミュニケーションは、単語を用いて「何について話をし

ているのかを伝えることができるレベル」に限定されており、
「何がどうなっているのか」を伝えることはできない。先にも
述べたように、「日本手話」と「日本語対応手話」では、文法
体系が全く異なる。「日本手話」は視覚による情報伝達を効果
的に行う文法体系であるのに対し、「日本語対応手話」は音声
日本語の文法に従っており、耳で聞いた場合に効果的な文法体
系となっている。図5と図6に、この違いがわかりやすい「私
があなたに説明します」という文を示す。

　日本手話の場合には、図5のように、「私＋うなずき」で主
語となる人を表現し、次に、「説明する」と表現することです
べての意味を伝えることができる。「説明する」という単語を
示すときの利き手の指先の方向に「私があなたに」という文法
的な要素が入っているからだ。このように手話言語は、視覚で
ひとめで文を伝えることもできる、視覚に特化した言語体系と
なっている。これに対し、日本語対応手話の場合には、図6
のように、「私」「が」「あなた」「に」「説明し」「ます」という

利き手　　　　　　　　「私」　　　　　　「私 → あなた」
利き手＋非利き手　　　　　　　　　　　「説明する」
非手指表現　　　　　　うなずき

図5　日本手話による「私があなたに説明する」という文
（モデルは右利き）

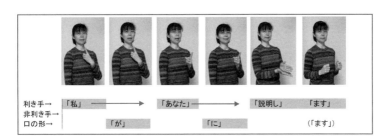

利き手→　「私」　　　　　　　　　「あなた」　　　　　　　「説明し」　　　「ます」
非利き手→
口の形→　　　　　「が」　　　　　　　　　「に」　　　　　　　　　（「ます」）

**図 6　日本語対応手話（手指日本語）による「私があなた
に説明する」の表現**（モデルは左利き）

日本語の文法に沿った表現になる。これは図 5 の日本手話の
表現とくらべて冗長であるだけでなく、「私」と「あなた」の
関係や、ふたりの人物と「説明する」という行為の関係は、日
本語の文法が身についていなければ理解することができない。
日本語は、日本で暮らしていても、聞こえていなければ自然に
は身につかない。日本手話話者が日本語対応手話を使えるよう
になるためには、書記日本語と合わせて、第二言語として新た
に学ぶ必要がある。

　日本手話と日本語対応手話の間には、その他にも多くの違い
があるが、この例ひとつだけでも、視覚言語である手話言語と
音声言語を視覚化した対応手話（手指音声言語）との違いは理
解していただけるものと思う。

2.1.3 「日本手話」と「日本語対応手話」の違いが認識されづらいのは
なぜか

　これまで手話言語関連のアウトリーチ事業を進めてくる中で、
日本では、「手話」とは日本語を視覚化したものだ、という認

識が一般的であると感じてきた。視覚障害者のために書記日本語をひらがな化し、触覚を用いて読めるようにした点字のように、耳が聞こえない人が目で見て日本語をたどれるようにつくったものが「手話」だというイメージがあるようだ。なぜ、「日本手話」の存在が知られておらず、「手話」イコール「日本語対応手話」という認識になってしまっているのだろうか。それには複数の要因があるだろう。

　まず、聴覚障害者との接点がない人たちが「手話」と呼ばれるものを目にする主な場はメディアである。メディアでは、例えば皇室関係者の手話スピーチなどで、音声日本語つきの日本語対応手話が使われており、それが多くの人々が「手話」として目にするものとなっている。このような環境においては、直接手話言語に接したことがない人たちにとっては、「手話」イコール「日本語対応手話」となってしまうだろう。

　次に、音声言語でも書記法がないこと自体は珍しいことではないが、手話言語には書記法がないことも、誤解を招く間接的な要因となっていると思われる。聴覚障害者とのコミュニケーションのための「筆談」は、近年、社会に浸透してきたが、手話言語の場合には言語そのものを書き取る方法がないので、「筆談」しようと思うと、書記日本語を使うしかない。その結果、手話話者は筆談（書記日本語）ができてあたりまえ、という誤った認識がもたれてしまう[1]一因となっているように思う。しかし、見落とされがちなのは、耳から言語が入ってくるので自然に音声日本語を習得できる視覚障害者に対し、聴覚障害者は、視覚言語でなければ、自然には身につかないということだ。書記法（書記日本語）は、誰でも学習して身につけるものだ、

と思われるかもしれないが、聞こえる子どもたちの場合には、すでに音声言語として身についた言語の書き方を書記法として学ぶ。日本手話を使って育ったろう児の場合には、まったく知らない言語の文字面だけを見て、それを使うための言語体系を身につけることが要求される。音声日本語を母語とするものが全く知らない外国語の文書を見せられて、その言語を習得するように要求されるのに等しい。

　さらに、一般社会で活躍する、聴者と頻繁な交流がある手話話者には、日本手話に加え日本語対応手話を身につけた人が多く、聞こえる相手との会話では自然に日本語対応手話に切り替えたり、流暢に筆談をしたりすることが珍しくない。

　この点について、当事者団体である全日本ろうあ連盟は以下のような見解[2]を示している（全日本ろうあ連盟，2018）。

> 　手話への認知が広がるにつれ、近年、手話を「日本手話」、「日本語対応手話」と分ける考え方を提唱する動きが随所でみられるようになりました。手話を言語として位置付け使用していくためには言語学的な研究の確立が急務です。同時に忘れてはならないことは、私たちろう者や聞こえにくい人には、聴力を失った年齢、生まれ育った環境、手話を獲得・習得した年齢など、実に様々な背景があることです。子どもの頃から手話でコミュニケーションのとれる環境（ろう学校や家庭など）にいた人もいれば、中学校や高校、大学、もしくは成人してからろう者の仲間や手話に出会い、手話を学び、手話を身につけた人もいます。このような様々な背景によりろう者が育んできた手話を流ちょう

に使う人もいれば、手話をスムーズに使うことができず日本語に手話単語を合わせて使う人もいます。更には仲間同士に対して、あるいは手話の読み取りが苦手な聞こえる人に対して、使う手話を無意識に使い分けている人も多くいます。

　全日本ろうあ連盟が日本手話と日本語対応手話を区別しない、という立場であることはよく知られているが、この部分を読むと、この声明文そのものが、次の二点を前提としていることがわかる。①「手話」にはさまざまな種類があり「使い分け」の対象となっていること。②手話を使う人たちの背景が様々で、その人たちが使う「手話」の習得の度合いや種類も様々であるということ。これらと合わせてこれまで聴覚障害者やろう者が社会的に差別されてきた背景を考えると、全日本ろうあ連盟の意図するところは、「使う手話の習得度や種類によって手話話者が社会的に区別（差別）されるべきではない」、という主張であると、筆者は解釈している。日本語対応手話は、もしそれを身につけることができれば、日本社会で活躍するために有利になると考えられる。使う手話の種類によって、聴覚障害者の中で差別や分断が起きるべきではないという切実な想いが全日本ろうあ連盟の主張にはこめられていると、筆者は理解しており、その想いには大いに共感するところだ。ただしこのことは文化的・社会的な問題としてとらえられるべきであり、言語の実態とは切り離して考えなければ、日本手話と日本語対応手話のどちらかが排除されてしまい、結果として聴覚障害者の間での分断を生みかねないと危惧している。

3. 誰もが輝ける社会につながる教育の実現を！

　現在の日本では、日本手話という日本語対応手話とは異なる言語の存在が広く理解されておらず、日本手話で教育を受け、その言語を使って社会で活躍できる場が限られている。そしてこれにより、日本手話が言語の消滅という危機に静かに追いやられつつある。日本手話の消滅は、ろうコミュニティで培われてきた文化や知識、世界観の消滅につながり、決して望ましいものではない。話者にその言語を維持しようとする意図があるときに社会的な圧力や制度が原因で言語がはく奪される方向に進むことは、倫理的にも正当ではない。

　社会において、聴覚障害者の知識や意見、提案などを活かすためには、日本語対応手話および日本手話の両方が不可欠である、との認識の上に立ち、社会システムを整備してゆく必要がある。「音声言語」、「対応手話／手指音声言語」、「手話言語」、いずれのコミュニケーション手段にも、それを使って日々生活し、その手段を大切に思い、そしてそれがあることで不足なくまた正確な情報を得、自らも発信し、社会で能力を発揮できる人たちがいる。各コミュニケーション手段に関する正確な理解をひろく広めることは、すでに多様である日本社会の今後において、誰もが平等に情報を受けとり発信できる「コミュニケーション共生」（誰もが取り残されない社会）を実現してゆくための基盤の確立のために重要であり、その基盤には、個々人が受ける教育環境も含まれる。

　2022 年に国立民族学博物館で主催した言語展示では、ろう児の寝手話、すなわち寝ている状態で手を動かして日本手話で

会話をしている寝言の映像が、多くの来館者の眼を惹いた。日本手話を第一言語とし、夢の中でもその言語で自己表現する子供たちが、自分の言語で教育を受け、言語能力を伸ばし、それを基盤として日本語や英語などの第2、第3言語を身につけ、のびのびと活躍できる日が来ることを祈ってやまない。

注

1　日本語対応手話を使う聴覚障害者の場合には、そのまま日本語を書くことが可能だが、日本手話話者にとっては、第二言語でのやりとりになり、筆談そのものを避ける方も珍しくない。英語でやりとりをしなくてはならないときに、日本語話者がどのように対応するかを考えれば、その心理は容易に理解していただけるものと思う。

2　実際、日本手話と日本語対応手話ははっきり区別されるものではなく、人により、また会話の相手により、シフトすることが知られている。また、音声日本語や書記日本語が第一言語である者が日本手話を使う場合、ろう・聴にかかわらず、第一言語の影響をうけて日本語対応手話寄りの手話になるという現象もみられ、「中間手話」と呼ばれることがある。(原, 2023：266–276.)

参考文献

Eberhard, D. M., Simons, G. F., & Fennig, C. D. (2023). Ethnologue: Languages of the world. Twenty-sixth edition. SIL International.

Online version: http://www.ethnologue.com. [Accessed in January 2023]

Myers, James, Jane Tsay and Shiou-fen Su (2011). Representation efficiency and transmission efficiency in sign and speech, in Jung-hsing Chang (ed.) Language and Cognition: Festschrift in Honor of James H-Y. Tai on His 70th Birthday, pp. 171–199. Taipei: Crane Publishing.

UNESCO. (2021). World atlas of languages: Summary document. https://unesdoc.unesco.org/ark:/48223/pf0000380132.locale=en)

相良啓子（2021）「日本手話、台湾手話、韓国手話における語彙の記述とその歴史的変遷—数詞および親族表現に着目して」博士論文、総合研究大学院大学

全日本ろうあ連盟（2018）「手話言語に対する見解」https://www.jfd.or.jp/2018/06/19/pid17838

原大介（2023）「影響することば手話［手話言語と中間手話］」菊澤律子・吉岡乾（編）『しゃべるヒト―言葉の不思議を科学する』pp. 266–276. 文理閣

第 2 部

ろう教育で用いられるべき言語

第4章
札幌聾学校の授業言語について

ジム・カミンズ

（訳　佐野愛子）

1. 札幌聾学校における方針転換

　本章においては、札幌聾学校の授業言語の方針および実践における最近の変化について、懸念を表明したい。長年同校において実施されてきた日本手話と日本語の両方を用いるバイリンガルプログラムは極めて優れたものだが、これが今や廃止され、ろう児が理解できない言語によるモノリンガル教育が主流となっていこうとしているとのことである。

このような言語教育における方針転換は非常に残念なことだと思う。学識者の間では、自然手話を用いたバイリンガル教育がもたらす優れた教育的効果について一貫して支持されているが、今回の方針転換は明らかにそうした一致した見解に反するものである。子どもたちが理解できる言語を通して教えないということは、子どもたちの学ぶ権利を明らかに侵害している。こうした学習権の侵害は、当該の児童個人にとってだけでなく、日本社会全体にとっても知的・教育的損失であると考える。

2.　自然手話の能力と他の学力との関係

　筆者の小論（Cummins, 2016）は、自然手話によるコミュニケーション能力の獲得と、読み書きやその他の学力の達成との間に強い正の関係があることを証明するものである。　この論文はアメリカ手話と英語リテラシーの相互依存に焦点を当てたもので、2016 年に SAGE Deaf Studies Encyclopedia（ろう研究事典）に掲載された。自然手話の知識と学校でのリテラシー発達との間にこうした強い正の関係があることは、世界中のろう児について報告されている（Cummins, 2011）。この事典に掲載された小論の冒頭で、圧倒的多数の研究者が、将来の学業成就を支えるため、人生の初期に強固な認知・言語的基盤を確立することの重要性について一致した見解をとっている。

　　過去 20 年間に行われた数多くの研究により、ASL（アメリカ手話）のスキルを身につけたろう児・者は、ASL スキルを身につけなかった人よりも、英語リテラシーの指標

でも良い結果を出すことが証明されている。アメリカやカナダ以外の国で行われた研究でも、自然手話の専門知識の発達と全般的な学業成績の間に正の関係があることが実証されている。　　　　　　　　　　　　　　　　　　　　　(p. 23)

　Murray, Hall, and Snoddon（2020）も、「ろう児とその家族にとっての手話の重要性」と題する最近の論文で、この国際的に一致した見解について表明している。

　　適切な時期に手話を習得した子どもたちとは対照的に、手話に触れるのが遅れたろう者では、永続的な神経構造の違い（神経言語経路の髄鞘形成が少ないなど）が見つかっている …
　　子どもの発達の初期段階において、手話に浸かった状態での（訳注：十分な言語インプットが確保された状態での）使用を阻む聴覚・音声言語のみのアプローチは、聴覚障害児の理想的な発達成果を促すことはない。　　　(p. 32)

3.　さいごに

　さいごに、聴覚障害児にアクセス可能でインクルーシブな教育経験を与えないことは、彼らの言語的人権の侵害を構成するという認識が国際的に高まっている。そこに注意をむけることは重要である。最近出版された『言語的人権ハンドブック』の中で、Manning, Murray, Bloxs の各教授は、ろう児とろうコミュニティの言語的人権を認める国連での動きを次のようにま

とめている。

> 2017 年、マイノリティ問題担当の国連特別報告官フェルナンド・デ・ヴァレンス博士は国がろう児にその国の自然言語である手話を用いた教育を提供しないことや、そうした教育を阻むことは、一定の条件下においては言語を理由とした直接的な差別としての要件を満たす、との見解を示した。
>
> (2023: 273)

結論として、私は札幌聾学校の管理職の方々に対して、ろう児のための世界レベルのバイリンガル教育プログラムを台無しにする危険性のある政策決定を再考するよう促したい。これらの政策決定は、膨大な数の調査研究から得られた実証的根拠に反するだけでなく、ろう児の教育的権利と機会を劇的に狭めるものである。

参考文献

Cummins, J. (2011). *Promoting academic achievement among minority group students*. Keio University Press Inc., (in Japanese: Translated and with an Introduction by Kazuko Nakajima).

Cummins, J. (2016). American Sign Language and English literacy, interdependence of. In G. Gertz & P. Boudreault (Eds.), *The Deaf Studies Encyclopedia* (pp. 23–24). Sage. http://dx.doi.org/10.4135/9781483346489.n9.

Manning, V., Murray, J. J., & Bloxs, A. (2023). Linguistic human rights in the work of the World Federation of the Deaf. In T. Skutnabb-Kangas & R. Phillipson (Eds.), *The handbook of linguistic human rights* (pp. 267–280). Wiley.

Murray, J. J., Hall, W. C. & Snoddon, K.(2020). The importance of signed languages for deaf children and their families. *The Hearing Journal* 7(3): 30–32. https://doi.org/10.1097/01.HJ.0000657988. 24659.f3.

第5章
自然手話とろう教育

デボラ・チェン・ピクラー,
ポール・ドゥディス,
オードリー・クーパー
（訳　松岡和美・佐野愛子）

1.　はじめに

　筆者らは、札幌聾学校における質の高い教育を保証するために努力を続ける生徒、家族、すべての関係者に深い敬意を表しつつこの意見書を作成した。1年以上にわたって札幌で交わされている議論は非常に重要なものである。なぜならこれから下される裁定は、札幌聾学校だけでなく、日本のろう教育におけ

69

る前例となり得るからだ。手話関連分野の教員また研究者として日々ろう・難聴の学生に接する筆者らは、日本のろう・難聴児の教育において、手指日本語（日本語対応手話）ではなく日本手話を使用することの重要性を強調すべく、ここに意見を述べたい。

2. 自然な手話言語への早期アクセスはろう・難聴児に対する公平な教育機会への第一歩である

　教育へのアクセスは基本的人権である。ろう・難聴児にそのアクセスが保証されるということは、日本手話のような自然言語としての手話による教育が、教員・教育助手、学校スタッフが十分な手話のスキルを身に付けたうえで、提供されることである。この権利は、世界ろう連盟の「万人のための手話権利憲章」（世界ろう連盟、2019 年：https://wfdeaf.org/charter/）、全米ろう者協会の「ろう児・難聴児権利章典」（全米ろう者協会、2016 年：https://www.nad.org/resources/education/bill-of-rights-for-deaf-and-hard-of-hearing-children/）、国連の「障害者の権利条約」（https://www.un.org/development/desa/disabilities/convention-on-the-rights-of-persons-with disabilities.html）をはじめとする数多くの声明で述べられている、ろう者の幸福・福利（ウェル・ビーイング）の根幹を成すものである。

　公正な教育は、ろう・難聴児にできるだけ早期に、周囲の人々とのコミュニケーションや対話のために負担なく身に付けられる言語環境を整えることから始まる（Humphries et al., 2022; Lillo-Martin, Gale & Chen Pichler, 2021）。ろう・難聴児

は、ろうであることや手話に馴染みのない聴者の両親のもとに生まれることが多いため（Mitchell & Karchmer, 2004）、早期言語剥奪にさらされるリスクが特に高い。人工内耳や他の補聴手段を得られることになったとしても、（人工内耳の）手術を待つ間、1年以上音声言語への接触が遅れるために、その後の音声言語発達の結果は個人のばらつきが非常に大きいものになる（Hall, Hall, & Caselli, 2019）。その結果、ろう・難聴児に言語的・認知的発達の遅れが広く見られることが憂慮されているが、それはひとえに自然言語へのアクセスが得られなかったために引き起こされたことなのである。さらに、言語剥奪環境は、正しい一般的知識を蓄積するために必須の、家族や仲間との自発的かつ日常的な会話からろう・難聴児を疎外する（Caldwell-Harris & Hoffmeister, 2022）。例えば、心身の健康についての基本知識が欠けていたり、（欠けていなくても）不正確であったりすると、ろうの青少年における精神的な問題やトラウマに悩まされるリスクが聴者と比べて高くなる（Fellinger, Holzinger, & Pollard, 2012; Hall et al., 2018）。つまり早期に、しかも何の制限もなく手話言語に触れることは、年齢に応じた認知・言語の発達に重要だけでなく、心身の健康の面でも子どもを守ることになるのである（Glickman & Hall, 2018; Hall, 2017）。

3. 自然手話＋同じ地域の音声言語に基づく書記言語のバイリンガル教育環境は、着実な学力の発達を支えるものである

　上述したように、他者との対話は、言語だけでなく様々な面で子どもの発達において決定的に重要なものである。ろう教育・言語学・認知神経科学分野における長年の研究により、アクセスしやすく豊かな言語環境が子どもの心身の発達に中心的な役割を果たすことが実証されている（Cooper et al., 2021; Levine et al., 2020; Lillo-Martin, Gale & Chen Pichler, 2021; Scott & Henner, 2021）。たとえ聴者の親が家庭でそのような環境を作ることができない、あるいは作ろうとしない場合であっても、学校は、自然な手話による対話の機会をろう・難聴児に毎日もたらすことによって、少なくとも部分的に手話環境のギャップを埋めることができ、それが学習面での良い結果につながっているのである（Henner et al., 2016；Hrastinski & Wilbur, 2016）。重要な点であるが、そのような学校では、近隣地域のろうコミュニティで使われている手話で授業を行いつつ、同じ地域またはその国の言語を書き言葉にしたものを用いたバイリンガル教育が提供されている。ろう・難聴者が聴の社会で生活する上で書記言語は不可欠なものであり、バイリンガル教育によって、生徒たちはろうの社会と聴の社会の間をスムーズに行き来できる二言語話者として成長することができる。読み書きの発達は、話し言葉を習得していることが前提となるが、たとえ人工内耳を装着した場合であっても、ろう・難聴児が皆同じように音声言語へのアクセスが得られているとはいえ

ない。だからこそ、ろう学校における手話の使用は、書記言語への平等なアクセスを提供するために必要不可欠なものとなっている。

2006年の国連「障害者の権利に関する条約」（CRPD「第24条－教育」参照）や2018年のCRPD人権改正に関わる一般的意見第6号－パートKの項目65（以下全文引用）などの極めて重要な国際条約は、ろう児の学習環境に手話を含めることの重要性を強調している。

> 教育現場においてろう児が差別されず平等に扱われることを保証するためには、ろうの同級生やロールモデルとなる成人ろう者を含む、手話での学習環境が必要である。ろう児を教える教師が手話に習熟していないことや、情報アクセスに困難が見られる学校環境は、ろう児を阻害し、差別的に扱うものとみなされる。当委員会は、締約国に対し、第5条および第24条の責務を果たす措置を実施する際に、インクルーシブ教育の権利に関する一般的意見第4号（2016年）に従うよう求める。

着実に成果をあげているバイリンガルろう教育プログラムでは、手話が授業の言語として機能しており、子どもたちは、書記言語の語彙の意味だけでなく、手話言語と書記言語で異なる場合も含めた複雑な文法規則についても学習している（Caldwell-Harris & Hoffmeister, 2022）。神経学的観点からも、聴者が音声言語を用いる際と同じ脳の領域を、ろう者が手話言語を用いる際に活用していることから、自然言語としての手話

は音声言語と実質上同等であり（Emmorey, 2003; MacSweeney et al., 2002; Petitto et al., 2000）、手話言語は書記言語の習得を（音声言語と）同じように円滑に進める助けとなる。聴の子どもたちが音声言語を自発的に習得するのと同様、ろうの子どもたちも他者の説明や指導に頼らず、友達や周囲の大人との自然なやり取りを通じて手話を習得できる。しかし、これも聴の子どもたちと同様に、ろう児が書記言語を習得するためには教師の指導が必要である。ろう・難聴児に幼少期から手話が主として用いられる学校環境があれば、確固たる第一言語として、手話言語が書記言語の順調な発達の基盤となる。

　アメリカにおける研究では、アメリカ手話（ASL）の知識が、英語の語彙(Hoffmeister, 2000)、文法(Hoffmeister et al, 2022)、読解力（Chamberlain & Mayberry, 2008; Novogrodsky et al, 2014）と相関することが数多くの事例で示されている。同様の相関関係は、オランダ手話と書記オランダ語（Hermans et al., 2008）、イタリア手話と書記イタリア語（Tomasuolo et al., 2010）など、他国のバイリンガルろう者の研究でも報告されている。バイリンガルろう者の手話言語と書記言語の強い関連性を示す証拠は、アメリカ手話を流暢に使いこなすろう成人を対象とした神経言語学の研究からももたらされている。研究に参加した成人ろう者が英語で書かれた語を読む際に、同じ語のアメリカ手話訳に関連した脳内の領域が活性化したのである（Morford et al., 2011; Morford et al., 2017）。同様の知見は他の手話言語と書記言語の組み合わせでも繰り返し観察されており、その例としては、書記ドイツ語とドイツ手話（Kubus, Villwock, Morford, & Rathmann, 2015）、書記中国語と中国手

話（Pan, Shu, Wang, & Yan, 2015）・香港手話（Thierfelder, Wigglesworth, & Tang, 2020）・台湾手話（Chiu, Kuo, Lee, & Tzeng, 2016）がある。このような（手話言語と書記言語間の）相互作用は、音声言語のマルチリンガル（多言語）話者に典型的なものである「複数言語が同時に活性化される」パターンが、文字だけで音声言語にアクセスする場合でも同じように生じることを実証している（Kroll, Dussias, Bogulski, Valdés Kroff, 2012）。

　バイリンガルのろう中学生を対象とした研究でも（オランダの子どもの事例は Ormel et al., 2012; アメリカの子どもの事例は Villwock et al., 2021 参照）、上述した書記言語と手話言語の同時活性化が、成人する前の時点から起こっていることが示されている。しかし、Miller et al.（2012）を含む研究者が指摘しているように、高度なレベルで書記言語を習得したのは、早期から手話に触れて高い運用能力を身につけたろう生徒に限られている。

　　実証研究が明らかにしたことは単純明快である。手話を含む、言語への完全なアクセスは、書記言語を適切に理解するために不可欠な構造的・意味的知識の習得を促進し、言語獲得以前に聴力を失ったろう者が読む力を身につける際のリスクを軽減する。言語学的な特性を十分に備えた形で確立した言語は（書記言語の理解に必要な）知識の習得を支え、維持するものであり、そのような言語を習得しないで成長した場合、書記言語の読解で直面する課題はより深刻なものになるように見受けられる。（Miller et al., 2012: 458–9）

4. 音声言語に対応させた手指システムは、言語処理・理解の面で自然言語としての手話と比べて不十分であり、ろう・難聴児の教育に使用されるべきではない

　これまで引用した研究では「手話」という語を、ろうコミュニティで生まれ、自然に進化した手話言語を指すために使ってきた。言語学者である筆者らは、同じ地域の音声・書記言語とは異なる、独自の複雑な文法体系を持つ自然言語としての手話（例えば日本手話）と、音声言語やそれを書いたものを手指で表現するため教育者によって考案されたシステム（日本語対応手話・手指日本語など）を区別している。**手話言語と、人工的に考案された手指システムは同等のものではない。**自然言語としての手話は、ろうコミュニティで自然に発生し、長い時間をかけて、視覚や体の動きに合わせた感覚モダリティに最もふさわしい言語として形作られてきた。自然言語としての手話の文法構造は、情報を「レイヤー（層）」、つまり、手の形、手の位置、手の動きの方向、手の動きの速度、眉の位置、口の形を同時に変えることで異なる意味内容を重なり合うよう効果的に表現できるよう進化してきた（Wilbur, 2012）。相互に重なり合う「レイヤー（層）」は発話にそれぞれ別の意味を付け加えており、そのすべてが同時に表現され、同時に知覚されることで、一度に伝達できる情報量が最大化される。それに対して「手指日本語（日本語対応手話）」のような人工的な手指システムでは、それに対応させる音声・書記言語を模倣する形で、表現が線的に連結されている。その結果、手指システムは自然な手話

言語に比べて、表現の無駄が多く、同じ量の情報を伝達するのに余分な手間がかかる（Wilbur, 2012）。また、手指システムには自然な手話のイントネーションを表す重要な韻律情報（リズム、顔や体の動きなど）が欠けているため、自然な手話言語よりも理解する際の負担が大きい。

　つまり人工的に考案された手指システムは、本来の意図に反して、視覚や体の動きに合わせた感覚モダリティに十分対応していないため、教育現場でもろう生徒にとって理解が難しく、学習活動に悪影響を及ぼしている。日本では、手指表現の使用を認めているという聾学校の大多数が、長きにわたって日本手話ではなく手指日本語（日本語対応手話）を使用している（Oka & Sasaki, 2020）が、それにもかかわらず日本のろう・難聴の児童・生徒の読解能力スコアは、聴の児童・生徒に比べると目立って遅れている。2015年時点のデータによると、日本のろう・難聴児の約半数において、読解能力に1年以上の遅れがみられている（Sawa, 2017）。この問題は他の国でも共通しており、人工的に考案された手指システムは、書記言語の文法的特徴にろうの生徒を慣れさせるという、その本来の目的を達成できていないことから生じている（Scott & Henner, 2021）。このような手指システムを完全な形で表出することは困難で面倒なため、様々な文法的要素を表そうと、実際に大人が表出する手話表現の使い方には一貫性が見られない（Wilbur & Petersen, 1998）。アメリカの手指英語（Manually Coded English: MCE）には、英語の時制表現（例：過去形を表す -ed、現在形を表す -s）や冠詞（例：a，an，the）を表すために考案された表現があるが、手指英語（MCE）による教育を受けた

ろう生徒・学生がそれらの文法要素を正しく使えるか問う筆記試験の結果では、安定した正しい使用ができていなかったことが報告されている（Schick & Moeller, 1992）。同様に、英語対応手話（Signed English）の関係代名詞についてのろう生徒・学生の理解レベルが高くても、それは書記英語の関係代名詞を習得する助けにはなっていなかったことも報告されている（Lillo-Martin et al., 1992）。これらはまったく残念な結果であるが、少なくとも部分的には、人工的に考案された手指システムは、自然な手話と比べて、理解のしやすさに大きな問題を抱えていることがその原因となっている。人工的な手指システムは、音声・書記言語の語順に従って作られているため、話し言葉と同時に表出されることが多く、その結果、視覚的に表現される内容のリズムや韻律が大幅に乱れてしまう（Johnson, Liddell & Erting, 1989）。手指英語に習熟しているという、大学や大学院で学ぶレベルの学生でさえ、音声言語の語順で提示される手指表現を理解することに大きな支障をきたしているのである（Tevenal and Villanueva, 2009）。

　それと対照的に、日本手話のような自然言語としての手話をろう・難聴児の教育に用いることは、幅広い年齢層における学習成果の改善につながる。アメリカでは、手指で表現された英語よりも「アメリカ手話（ASL）」で絵本の読み聞かせ（絵本語り）を行った方が、就学前のろう児がより熱心に聞くと報告されている（Schick & Gale, 1995）。子どもが教室活動の内容に積極的に関わることは、より多くの学びの機会につながる望ましい反応である。同様に、ろうの中学生が同じストーリーをアメリカ手話（ASL）と「音声英語と同時に表出された英語対

応手話」で提示された後、その内容を思い出して再現するタスクでは、アメリカ手話（ASL）で語られた内容の方をより正確に思い出すことができた（Wang et al., 2017）。このような自然な手話言語の利点は、幼児の初期の言語表現にも見てとれる。手指オランダ語を使う家庭とオランダ手話を使う家庭で育ったろうの幼児を比較したところ、オランダ手話を使う家庭の子どもの文法発達は、手指オランダ語使用家庭の子どもよりも優れていた。そのような家庭で育った子どもは、オランダ語対応手話を学ぶ子どもよりも、複数の手話の語彙を組み合わせた発話・疑問文・より複雑な動詞（多くの文法情報が含まれた動詞）をたくさん使えていたのである（Hoiting & Slobin, 2002）。

　これまで引用してきたものの他にも、多くの研究成果で示されていることは、ろう・難聴児を自然手話で教育することに様々な利点があることと、人工的な手指システムを優先させて子どもたちが自然な手話にアクセスすることを妨げてしまえば深刻な悪影響が生じることである。日本学術会議も日本手話と日本語対応手話（手指日本語）の違いを認めたうえで、ろう教育での日本手話の使用を推奨している（日本学術会議，2017）。音声言語を手指で置き換えたコミュニケーション方法を使って行われる教育は、人間が身に付ける自然言語の構造を無視しており、自然な言語の発達を妨げるだけでなく、先に引用したCRPD 第 5 条と第 24 条の規範的原則、およびそこで推奨された教育方法の条件をも満たさないものである。逆に、子どもたちが自然な手話にアクセスできるようにすることは、より高いレベルの学習成果をもたらす可能性があるだけでなく、近隣のろうコミュニティおよび自分の地域のろう者の豊かな文化・歴

史・代々継承されてきた伝統にアクセスできることにもつなが
る。

　日本のろう・難聴児の望ましい人格形成と学びの達成、そし
てより良い教員養成と教育実践を進めるためにも、札幌聾学校
において日本手話に堪能な教員の雇用に賛同するよう強く求め
る。私たちの意見が、北海道および日本全国のろう児にとって
最善の学習環境を実現することに寄与することを願うものであ
る。

賛同研究者一同

トーマス・アレン　Ph.D. ギャロデット大学教育学部・教育神経科学研
　　究科元教授

サンギ・アパナ　Ed.D. ギャロデット大学教育学部教授

クリスティ・バタミュラ　Ph.D. ギャロデット大学教育学部准教授

イラリア・バートレッティ　Ph.D. ギャロデット大学教育神経科学研究
　　科准教授

デボラ・チェン・ピクラー　Ph.D. ギャロデット大学言語学部教授

オードリー・クーパー　Ph.D. ギャロデット大学国際関係学部准教授

マーティン・デールヘンチ　ギャロデット大学修士課程大学院生

ポール・デュディス　Ph.D. ギャロデット大学言語学部教授

ディアナ・ギャグニー　Ph.D. ギャロデット大学言語学部助教授

エレイン・ゲール　Ph.D. ハンター大学教育学部准教授

ジョン・ヘナー　Ph.D. ノースカロライナ大学グリーンズボロ校特別支
　　援教育学部准教授

メリッサ・ヘルズィグ　Ph.D. ギャロデット大学バイリンガル教育・テ

スト・評価センター所長

ボビー・ジョー・カイト　Ph.D. ギャロデット大学教育学部准教授

エレナ・コウリドブロバ　Ph.D. セントラルコネチカット州立大学応用
言語学部准教授

ダイアン・リロマーティン　Ph.D. コネチカット大学言語学部理事会特
別栄誉教授

ダニエル・マイアー　Ph.D. ギャロデット大学言語学専攻学生

メリッサ・マルズクーン　MFA. ギャロデット大学モーション・ライト
研究所創立者・所長

ゴラフ・マザー　Ph.D. ギャロデット大学言語学部准教授

ジュリー・ミッチナー　Ph.D. ギャロデット大学教育学部教授

ローラアン・ペティトー　Ph.D. ギャロデット大学教育神経科学研究科
教授

ローナ・C. クアント　Ph.D. ギャロデット大学教育神経科学研究科准教
授

ミサ・スズキ　ギャロデット大学言語学部修士課程大学院生

コウタ・タカヤマ　Ph.D. ギャロデット大学社会福祉学部助教授

マサシ・タムラ　ギャロデット大学言語学部修士課程大学院生

ブラッドリー・E. ホワイト　Ph.D. ギャロデット大学上級研究員

ロニー・ウィルバー　Ph.D. パーデュー大学音声科学・言語学・聴覚科
学部教授

参考文献

Caldwell-Harris, C.L., & Hoffmeister, R. J.（2022）. Learning a second
language via print: On the logical necessity of a fluent first language.
Frontiers in Communication 7:900399. doi: 10.3389/fcomm. 2022.
900399

Caselli, N. K., Hall, W. C., & Henner, J. (2020). American Sign Language interpreters in public schools: An illusion of inclusion that perpetuates language deprivation. *Maternal and Child Health Journal, 24* (11), 1323–1329.

Chamberlain, C., & Mayberry, R. I. (2008). American Sign Language syntactic and narrative comprehension in skilled and less skilled readers: Bilingual and bimodal evidence for the linguistic basis of reading. *Applied Psycholinguistics, 29* (3), 367–388.

Chiu, Y.-S., Kuo, W.-J., Lee, C.-Y., & Tzeng, O. J. L. (2016). The explicit and implicit phonological processing of Chinese characters and words in Taiwanese Deaf signers. *Language and Linguistics, 17* (1), 63–87. https://doi.org/10.1177/1606822X15614518

Cooper, A., Tay, P., Shanks, M., and Holzman, S. (2021). Beginning with language: Inclusive education strategies with sign languages in Rwanda, Singapore, United States, and Việt Nam. In M.J. Scheulka and S. Carrington (Eds.), *Global Directions in Inclusive Education: Conceptualization, Practices, and Methodologies for the 21st Century*, pp. 45–65: Routledge.

Emmorey, K.(2003). The neural systems underlying sign language. *Oxford Handbook of Deaf Studies, Language, and Education*, 361–376.

Fellinger, J., Holzinger, D., & Pollard, R. (2012). Mental health of deaf people. *The Lancet, 379* (9820), 1037–1044.

Glickman, N. S., & Hall, W. C. (Eds.). (2018). *Language deprivation and deaf mental health*. Routledge.

Hall, W. C. (2017). What you don't know can hurt you: The risk of language deprivation by impairing sign language development in deaf children. *Maternal and Child Health Journal, 21* (5), 961–965.

Hall, W. C., Smith, S. R., Sutter, E. J., DeWindt, L. A., & Dye, T. D.(2018).

Considering parental hearing status as a social determinant of deaf population health: Insights from experiences of the" dinner table syndrome". PloS one, 13（9）, e0202169.

Hall, M. L., Hall, W. C., & Caselli, N. K.（2019）. Deaf children need language, not (just) speech. *First Language, 39*（4）, 367–395. https://doi.org/10.1177/0142723719834102

Henner, J., Caldwell-Harris, C. L., Novogrodsky, R., & Hoffmeister, R.（2016）. American Sign Language Syntax and Analogical Reasoning Skills Are Influenced by Early Acquisition and Age of Entry to Signing Schools for the Deaf. *Frontiers in Psychology, 7*, 1982. https://doi.org/10.3389/fpsyg.2016.01982

Hermans, D., Knoors, H., Ormel, L., and Verhoeven, L.（2008）. The relationship between the reading and signing skills of deaf children in bilingual education programs. *Journal of Deaf Studies and Deaf Education, 13*, 518–530. doi: 10.1093/deafed/enn009

Hoffmeister, R.（2000）. A piece of the puzzle: the relationship between ASL and English literacy in Deaf children. In R. Mayberry & J. Morford（Eds.）, *Language acquisition by eye*. Lawrence Erlbaum Associates.

Hoffmeister, R., Henner, J., Caldwell-Harris, C., & Novogrodsky, R.（2022）. Deaf children's ASL vocabulary and ASL syntax knowledge supports English knowledge. *Journal of Deaf Studies and Deaf Education, 27*（1）, 37–47.

Hoiting, N., & Slobin, D. I.（2002）. What a deaf child needs to see: Advantages of a natural sign language over a sign system. In Steinbach, M.（Ed.）*Festschrift for Siegmund Prillwitz*（pp. 267–278）. Signum Press.

Hrastinski, I., and Wilbur, R. B.（2016）. Academic achievement of deaf and hard-of- hearing students in an ASL/English bilingual program. *Journal of Deaf Studies and Deaf Education, 21*, 156–170. doi: 10.1093/deafed/env072

Humphries, T., Mathur, G., Napoli, D. J., Padden, C., & Rathmann, C. (2022). Deaf children need rich language input from the start: Support in advising parents. *Children, 9* (11), 1609.

Johnson, R., Liddell, S., & Erting, C. (1989). *Unlocking the curriculum*. Gallaudet Research Institute.

Kroll, J. F., Dussias, P. E., Bogulski, C. A., & Kroff, J. R. V. (2012). Juggling two languages in one mind: What bilinguals tell us about language processing and its consequences for cognition. In *Psychology of learning and motivation* (Vol. 56, pp. 229–262). Academic press.

Kubus, O., Villwock, A., Morford, J., & Rathmann, C. (2015). Word recognition in deaf readers: Cross language activation of German Sign Language and German. *Applied Psycholinguistics, 36* (4), 831–854. doi:10.1017/S0142716413000520

Levine, D., Avelar, D., Golinkoff, R.M., Houston, D. and Hirsh-Pacek, K. (2020). Foundations of language development in Deaf and Hard of Hearing infants: Cognitive and social Processes. In M. Marschark and H. Knoors (Eds.), *Oxford Handbook of Deaf Studies in Learning and Cognition*. Oxford University Press.

Lillo-Martin, D. C., Hanson, V. L., & Smith, S. T. (1992). Deaf readers' comprehension of relative clause structures. *Applied Psycholinguistics, 13* (1), 13–30. https://doi.org/10.1017/ S0142716400005403

Lillo-Martin, D. C., Gale, E., & Chen Pichler, D. (2021). Family ASL: An early start to equitable education for deaf children. *Topics in Early Childhood Special Education*, 02711214211031307.

MacSweeney, M., Woll, B., Campbell, R., McGuire, P.K., David, A.S., Williams, S.C., Suckling, J., Calvert, G.A. and Brammer, M.J. (2002).

Neural systems underlying British Sign Language and audio-visual English processing in native users. *Brain, 125*（7）, 1583–1593.

Miller, P., Kargin, T., Guldenoglu, B., Rathmann, C., Kubus, O., Hauser, P., & Spurgeon, E.（2012）. Factors distinguishing skilled and less skilled deaf readers: Evidence from four orthographies. *Journal of Deaf Studies and Deaf Education, 17*（4）, 439–462. https://doi.org/10.1093/deafed/ens022

Mitchell, R. E., & Karchmer, M. A.（2004）. Chasing the mythical ten percent: Parental hearing status of deaf and hard of hearing students in the United States. *Sign Language Studies, 4*, 138–163.

Morford, J. P., Occhino-Kehoe, C., Piñar, P., Wilkinson, E., and Kroll, J. F.（2017）. The time course of cross-language activation in deaf ASL–English bilinguals. *Bilingualism: Language and Cognition 20*, 337–350. doi: 10.1017/S13667289150 0067X

Morford, J. P., Wilkinson, E., Villwock, A., Piñar, P., and Kroll, J. F.（2011）. When deaf signers read English: Do written words activate their sign translations? *Cognition 118*, 286–292. doi: 10.1016/j.cognition. 2010. 11. 006

Nihongakujutsukaigi Gengo bungaku iinkai Kagaku to nihongo bunka-kai.（2017）. Onsei gengo oyobi shuwa gengo no tayō-sei no hozon katsuyō to sonotame no kankyō seibi [Recommendations on preservation and utilization of varieties of spoken and sign languages and securing the environment for them]. http://www.scj.go.jp/ja/info/kohyo/pdf/kohyo-23-t247-9.pdf [accessed 9 January 2023]

Novogrodsky, R., Caldwell-Harris, C., Fish, S., & Hoffmeister, R. J.（2014）. The development of antonym knowledge in American sign language （ASL） and its relationship to reading comprehension in English. *Language Learning, 64*（December）, 749–770. https://doi.org/10.1111/

lang.12078

Oka, N., Sasaki, M. (2020). Literacy education for Japanese Deaf children. In Q. Wang and J. Andrews (Eds.) *Literacy and Deaf Education* (pp. 379–401). Gallaudet University Press. https://doi.org/10.2307/j. ctv2rcnn11.23

Ormel, E., Hermans, D., Knoors, H., & Verhoeven, L. (2012). Cross-language effects in written word recognition: The case of bilingual deaf children. *Bilingualism: Language and Cognition, 15*, 288–303.

Pan, J., Shu, H., Wang, Y. (2015). Parafoveal activation of sign translation previews among deaf readers during the reading of Chinese sentences. *Memory and Cognition 43*, 964–972. https://doi.org/10.3758/s13421-015-0511-9

Petitto L-A, Zatorre RJ, Gauna K, Nikelski EJ, Dostie D, Evans AC.(2000) Speech-like cerebral activity in profoundly deaf people processing signed languages: Implications for the neural basis of human language. *Proceedings of the National Academy of Sciences, 97*: 13961–13966. doi:10.1073/pnas.97.25.13961

Razalli, A. R., Anal, A., Mamat, N., & Hashim, T. (2018). Effects of bilingual approach in Malay language teaching for hearing impaired students. *International Journal of Academic Research in Progressive Education and Development, 7* (4), 109–121.

Sawa, T. (2017). 3-1 Rō gakkō ni zaiseki suru jidō seito no riterashī [Literacy of students en- rolled in deaf schools]. In *Tōkyōikadaigaku byōin chōkaku jinkō naiji sentā Heisei 28-nendo nenpō* [2016 ACIC Annual Report] (pp. 118–121). Japan: Auditory and Cochlear Implant Center of Tokyo Medical University.

Schick, B., & Gale, E. (1995). Preschool deaf and hard of hearing students' interactions during ASL and English storytelling. *American*

Annals of the Deaf 140（4）, 363–370.

Schick, B., & Moeller, M. P.（1992）. What is learnable in manually coded English sign systems? *Applied Psycholinguistics, 13*（3）, 313–340.

Scott, J.A., & Henner, J.（2021）. Second verse, same as the first: On the use of signing systems in modern interventions for deaf and hard of hearing children in the USA. *Deafness & Education International, 23*, 123–141.

Smith, S. R., & Samar, V. J.（2016）. Dimensions of deaf/hard-of-hearing and hearing adolescents' health literacy and health knowledge. *Journal of Health Communication*, 21（sup2）, 141–154.

Tevenal, S., & Villanueva, M.（2009）. Are you getting the message? The effects of SimCom on the message received by deaf, hard of hearing, and hearing students. *Sign Language Studies, 9*（3）, 266–286.

Thierfelder, P., Wigglesworth, G., & Tang, G.（2020）. Sign phonological parameters modulate parafoveal preview effects in deaf readers. *Cognition, 201*, 104286. doi: 10.1016/j.cognition.2020.104286

Tomasuolo, E., Fellini, L., Di Renzo, A., & Volterra, V.（2010）. Assessing lexical production in deaf signing children with the Boston naming test. *Language, Interaction and Acquisition, 1*（1）, 110–128.

UN General Assembly, Convention on the Rights of Persons with Disabilities: resolution / adopted by the General Assembly, 24 January 2007, A/RES/61/106, available at: https://www.refworld.org/docid/45f973632.html [accessed 9 January 2023]

UN Committee on the Rights of Persons with Disabilities (CRPD), General comment No. 3 (2016), Article 6: Women and girls with disabilities, 2 September 2016, CRPD/C/GC/3, available at: https://www.refworld.org/docid/57c977344.html [accessed 10 January 2023]

Villwock, A., Wilkinson, E., Piñar, P., and Morford, J. P.（2021）. Language development in deaf bilinguals: Deaf middle school students co-activate written English and American Sign Language during lexical processing. *Cognition 211*, 104642. doi: 10.1016/j.cognition. 2021. 104642

Wang, Y., Hartman, M. C., Jahromy, L. B., & Tversky, B. (2017). Better story recall by deaf children with unimodal communication. *Journal of Developmental and Physical Disabilities, 29*(5), 699–720. https://doi.org/10.1007/s10882-017-9551-3

Wilbur, R. B. (2012). Modality and the structure of language: Sign languages versus signed systems. In M. Marschark & P. Spencer(Eds.), *The Handbook of Deaf Studies, Language, and Education* (pp. 332–346). Oxford University Press.

Wilbur, R. B., & Petersen, L. (1998). Modality interactions of speech and signing in simultaneous communication. *Journal of Speech, Language, and Hearing Research, 41* (1), 200–212.

第6章
スウェーデンのバイリンガル教育から

クリステル・フォンストロム
（訳　佐野愛子）

1. はじめに

　本章では、札幌聾学校をめぐる状況に留意し、日本手話を授業言語として用いるバイリンガルろう教育を支持することを表明したい。

　筆者はスウェーデンにあるストックホルム大学言語学部の准教授で、ろう者のバイリンガリズム、手話言語学、手話言語習得、ろう者の書記スウェーデン語習得を専門としている。上記

分野の専門家として、世界各地の学術委員会・理事会のメンバーとして、定期的に活動している。私自身、スウェーデン手話、スウェーデン語、アメリカ手話、英語を随意に用いるろう者であることも申し添えたい。幼少期には、スウェーデンで手話バイリンガル教育を受けた。この章では、これまでの経験や研究をもとに、3つの話題を取り上げたい。第一に、ろう者のための手話バイリンガル教育の基本原理について、第二に、日本手話と日本語対応手話（手指日本語）の違いについて、そして最後に、スウェーデンの国レベルでの手話バイリンガル教育の経験について説明する。

2. なぜ自然手話のバイリンガル教育がろう児に不可欠なのか

　一般に、手話バイリンガリズムおよび手話バイリンガル教育に関する研究は、言語、心理・認知、教育、社会科学の関わるものなど、幅広い分野から構成されている。手話バイリンガル教育プログラムの設立には、さまざまな目的や動機がある。しかし、言うまでもなく、最終的な目標は、世界ろう連盟が述べている通り（https://wfdeaf.org/charter/ 参照）すべてのろう学生に質の高い教育を提供するという動機にもとづき、生徒の言語能力の促進にある。そこには、例えば、日本においては日本語のような多数派言語と日本手話のような少数派言語の習得を促すことも含まれる。

　しかし、ろうの生徒の場合、次の点に留意する必要がある。ろう児の手話の習得に関する最も大きな問題は、おそらくネイ

ティブサイナー（手話を母語として使用する人）になることと手話の自然習得に関わること、すなわち手話にどれほど触れる機会があるかということと、親から子への手話の継承に関するものだ。ここに教育上の課題がある。というのも、ほとんどのろう児は、手話を使わない聴者の家庭に生まれるからである。手話を使うろう者の家庭に生まれるのは、アメリカの推計によると、ろう児のおよそ5〜10％に過ぎないと言われている（Mitchell & Karchmer, 2004）。したがって、ろう児の90〜95％は、親に対する手話教育プログラムや手話イマージョン[1]の幼稚園・小学校への入学などの積極的な支援体制がない限り、幼少期に十分に手話に触れることができない、もしくは全く触れることができないリスクがあるということなのだ。

　幼少期に十分な言語経験を積むことができなければ、多くのろう児が言語習得の遅れの兆候を示し、ひいては認知能力の発達に影響を及ぼすと報告されている。これを「言語剥奪」と名付ける研究者もいる（Glickman & Hall, 2019）。ほとんどの音声言語とは対照的に、ネイティブサイナーの数は少なく、また、ろう者のグループ全体の言語的背景には大きなばらつきがあり、それは習得年齢だけでなく幼少期どれほど手話に接する機会があったかということに影響される。ほとんどのろう児は、家族の誰も手話を知らない聴者ばかりの家庭に生まれるため、成長過程でアクセス可能な言語に触れることができなければ言語剥奪環境に陥る危険性があるのだ。

　このため、手話のイマージョンを通じて子どもたちの言語発達を促すための特別な支援が必要となる。というのも、ろう児は聴覚障害のため、音声言語にはアクセスできず、言語を習得

するに当たって視覚に頼る必要がある。視覚は重要な情報源となる。この点については後ほど触れたい。こうした手話イマージョンは、親のサポートや親に対する手話教育、手話の環境を提供する聾学校や教育プログラム、手話バイリンガル教師養成プログラムなど、法律やリソースを通して政府が支援する必要がある。そうして出生から学齢期の終わりまでろう児の言語発達を促進するための手話イマージョンが機能するインフラを構築する必要があるのだ。

　歴史的に見ると、ろう教育という分野では、特に、ろう児の教育にどのような言語を使用するかということに関して論争が絶えない。また、世界中でろう者の学業成績は、聴者と比べて低いことがしばしば報告されている。しかし、これまで報告されてきたこうしたろう児の成績の低さについては説明が可能である。ろう教育プログラムは世界中どこでもそのほとんどが、モノリンガルアプローチに基づいたもので、音声言語や手指で表現されるその国の言語を指導の手段として使っている。手指日本語（日本語対応手話）のような手指で表された言語を理解するためには、その手指によって表現されている元々の言語、つまり、日本の場合は日本語を理解できなくてはならない。ところが多くのろう児は（その）日本語を獲得する必要があるのだから、この問題はどうどうめぐりに陥ってしまうわけだ。その結果、ろうの子どもたちは、教えられている内容が理解できなくなるのだ。そのため、日本手話のような自然手話を使った指導が、生徒たちの学力を担保するうえで必要となるのだ。

3. 手話は本当に本物の言語なのか

　「世界で使われている手話は1つだけ」であるとか、「手話は国際的なもの」と考えている人は少なくないだろう。しかし実際には、音声言語と同じように、世界には複数の自然手話が存在する。言語のデータベースとして高く評価されているGlottolog（Hammarström et al., 2020）によると、世界には135のろう者の手話、ろうコミュニティで使用されている、地域に根ざした手話があるという。複数の手話を持つ国もある。例えば、フィンランドでは、フィンランド手話とフィンランド―スウェーデン手話が使われている。

　基本的に、音声言語に比べ手話言語の研究は歴史が浅く、発展途上にある。手話（アメリカ手話）が最初に言語学的に記述されたのは1960年のことだった。その後、今日に至るまで、手話言語学の研究の蓄積により、手話が「本物の」言語ではない、というそれまでの仮定が覆され、手話は人間言語として欠けることのない性質を備えていることが確認されている。手話言語学の研究から得られた知見によって、手話言語と音声言語には、基本的な言語構造に関して根本的な共通点が数多く存在することが指摘されている。基本的な共通要素として挙げられるのは、語彙や文法といった言語特性と、音韻や形態素、統語といった言語カテゴリーである。こうした発見によって、感覚モダリティの違いはあっても、手話言語は音声言語同様、言語であることが証明された（McBurney, 2012）。もちろん、音声言語と手話の間には違いもある。最も明白な違いは、理解と産出の際に用いる感覚モダリティにある。音声言語が音声と聴覚

に基づいているのに対して、手話は身体の動きと視覚に基づく言語である。このことは、それぞれの言語の構造に大きく影響している。

　手話言語学研究と並行して、他の分野、特に手話言語習得に関する心理言語学や神経言語学などの分野や、教育学、社会科学、人類学、ろう者学、健康科学など様々なコンテクストにおける手話の研究が進んでいる。手話習得研究の最も重要な成果のひとつは、乳幼児期の母語発達において、手話は音声言語と同じような過程をたどることを示す証拠となるデータが提示されたことだろう。つまり、感覚モダリティに関係なく、手話も音声言語もその言語発達において、同じような発達段階をたどるのだ（Chen Pichler, 2012）。

4. 日本語対応手話と日本手話はどう違うのか

　上述したような日本手話などの自然言語である手話とは異なり、日本語対応手話のような手指を使用して表現される言語は、人工的に考案された構造を持つ。日本手話の構造は視覚に基づくもので、情報に重層性を持たせることで視覚を効果的に利用し、すべての発話が効率よく目で受容できるようになっている。手の動き、口の動きや顔の表情、手話話者前方の位置などを同時に活用することで提示されるのだ。これに対し、日本語対応手話は音声言語の線状的な構造を踏襲している。文字どおり、日本語のすべての単語が手指で表現されるのだ。しかし、この方法は理屈ではよい考えのように見えるが教育現場において効果的ではないことが世界中で報告されている（Scott & Henner,

2021 ほか）。この表現方法の問題点は、日本語対応手話の線状的な構造が、身体の動き・視覚モダリティに対応していないことである。（音声で話すよりも時間がかかる）身体の動きを（音声・聴覚活用では不可能な）同時的情報処理を可能にする視覚に対して提示することは非効率的で無駄に複雑な言語使用につながる。この方法は、端的にいって視覚モダリティにはスピードが遅すぎ、効率が悪すぎるのだ。わかりやすくたとえるなら、英語の文法通りに人工的に日本語の単語を並べたものを使って英語を学ぶようなものだ。重要なのは、手指で表現される音声言語は、ろうコミュニティでは使用されていないということである。したがって、日本手話の使用を促進することは、生徒の学力向上をもたらす可能性が高いだけでなく、日本におけるろうコミュニティへの扉を開くことにもつながるのだ。

5. スウェーデン手話を授業言語とするスウェーデンのバイリンガルろう教育の経験とはどのようなものか

　スウェーデンにおける手話バイリンガルアプローチは、スウェーデン議会が 1980/1981:100 の議案でスウェーデン手話を承認したことに端を発している。そこではスウェーデンのろう者が、スウェーデン社会に完全に参加する市民となるためには、STS（スウェーデン手話）とスウェーデン語の両方を習得したバイリンガルであるべきことが述べられている。これは、スウェーデンのろう教育において多くの変化をもたらす核となった。数年後の 1983 年、国立学校機構は、スウェーデン議

会が示した新たなバイリンガル教育への要求に応えるため、既存の国家カリキュラムへの補足事項を発表した（Lgr 80/83）。この補足カリキュラムでは、ろう児のスウェーデン手話とスウェーデン語の発達が保証されること、そして聾学校での指導は、これらの生徒がバイリンガルになることを目指すべきことが明示された（Svartholm, 2010）。その後、聾学校の生徒の指導は、すべての教科においてスウェーデン手話で行われるようになり、スウェーデン手話は、聾学校において徐々にその地位を確立していった。その結果、1990 年代には、聾学校の教師たちが、スウェーデン手話の運用能力を高めるために、政府の支援を受けてストックホルム大学が実施する STS コースに参加するようになった（Nilsson & Schönström, 2014）。

　スウェーデンで用いられているバイリンガルモデルを評価する初期の取り組みは、Svartholm（1993）や Mahshie（1995）で紹介され、学習態度の変化や社会的・情動的な発達における肯定的な結果、および、ろう児の読み書きのスキルの向上などが見られた。さらに Heiling（1996）は、手話バイリンガル教育の実施後、ろう児の教科学習に関する知識が向上したことも示している。このように、1990 年代は、ろう教育の理想的モデルとしての手話バイリンガルアプローチに対する熱意と強い信頼感に満ちた時代であり、スウェーデンのバイリンガル教育は、国際的に高く評価されたのだ。そのようにしてスウェーデンは、ろう児のための唯一のモデルとして、バイリンガル教育を維持・発展させることに力を注いだ。それには、スウェーデン手話に堪能な教師を採用することや、ろうの教師を養成することも含まれている。私たちの活動は今日まで続いている。

こうした取り組みの結果、スウェーデンには、学者や、公務員や、資格を持った教員や、手話通訳やメディア制作の会社経営者など、多くの才能とスキルにあふれる優秀なろう者がいるのだ。彼らは平等に社会参加するための十分な能力を備えている（Svartholm, 2005）。これは、彼らが手話バイリンガル教育によって、成人してからも人間的に成長するための強固な土台を築いたからだ。それ故に、札幌聾学校で日本手話に堪能な教員を採用し、日本手話の使用を支援することを強く求める次第である。

注
1　習得を目指す目標言語のインプットがふんだんに確保される状態に子どもをおくこと。

参考文献

Chen Pichler, D. (2012). Acquisition. In R. Pfau, M. Steinbach, & B. Woll (Eds.), *Sign Language: An International Handbook* (pp. 647–686). Walter de Gruyter.

Glickman, N. S., & Hall, W. C. (2019). *Language deprivation and deaf mental health* (1st ed.). Routledge.

Hammarström, H., Forkel, R., Haspelmath, M., & Bank, S.(2020). *Glottolog 4.2.1.* Jena: Max Planck Institute for the Science of Human History.(Available online at http://glottolog.org, Accessed on 2020-07-13.)

Heiling, K. (1996). Deaf Children's Reading and Writing. A Comparison between Pupils in Different Ages from Oral and Bilingual Schools. In A. Muruvik Vonen, K. Arnesen, T.R. Enerstvedt, & A. Varran Nafstad, (Eds.), Bilingualism and *Literacy concerning Deafness and Deafblindness. Proceedings of an International Workshop 10th – 13th November 1994* (pp. 101–114). Skådalen Publication Series No. 1. Oslo: The Research and Development Unit, Skådalen Resource Centre.

Humphries, T., Kushalnagar, P., Mathur.G., Napoli, D.J., Padden, C., Rathmann, C. & Smith S.R. (2012). Language acquisition for deaf children: Reducing the harms of zero tolerance to the use of alternative approaches. *Harm Reduction Journal 9* (16). 1–9.

Mahshie, S.N. (1995). *Educating deaf children bilingually. With insights and applications from Sweden and Denmark.* Washington D.C.: Pre-College Programs, Gallaudet University.

McBurney, S. (2012). History of sign languages and sign language linguistics. In R. Pfau, M. Steinbach, & B. Woll (Eds.), *Sign Language: An International Handbook* (pp. 909–948). Walter de Gruyter.

Mitchell, R. E., & Karchmer, M. A. (2004). Chasing the mythical ten percent: Parental hearing status of deaf and hard of hearing students in the United States. *Sign Language Studies, 4* (2), 138–163. https://doi.org/10.1353/sls.2004.0005

Nilsson, A.L., & Schönström, K. (2014). Swedish sign language as a second language: Historical and contemporary perspectives. In D. McKee, R. S. Rosen, & R. Locker McKee (Eds.), *Teaching and learning of signed languages: International perspectives and practices* (pp. 11–34). Palgrave Macmillian Publishers.

Newport, E. & Meier, R. (1985). The acquisition of American Sign Language. In D. Slobin (Ed.), *The cross linguistic study of language acquisition*, Volume One: the Data (pp. 881–938). Hillsdale, N.J.:

Lawrence Erlbaum Associates.

Padden, C. & Ramsey, C. (2000). American Sign Language and reading ability in deaf children. In C. Chamberlain, J. Morford, & R. Mayberry (Eds.), *Language acquisition by eye* (pp. 165–189). Lawrence Erhbaum Associates.

Prinz, P. & Strong, M. (1998). ASL proficiency and English literacy within a bilingual deaf education model of instruction. Topics in Language Disorders, 18 (4), 47–60.

Plaza-Pust, C., & Morales-López, E. (Eds.). (2008). *Sign bilingualism. Language development, interaction, and maintenance in sign language contact situations*. Studies in Bilingualism 38. John Benjamins Publishing Company.

Scott, J.A., & Henner, J. (2021). Second verse, same as the first: On the use of signing systems in modern interventions for deaf and hard of hearing children in the USA. *Deafness & Education International, 23,* 123–141.

Svartholm, K. (1993). Bilingual education for the deaf in Sweden. *Sign Language Studies. 81,* 291–332.

Svartholm, K. (2005). Deaf Students in Higher Education. VIII Congreso Latinoamericano de Educación Bilingüe para Sordos, 15–18 Nov. 2005, La Habana, Cuba. CD-rom. ANSOC. ISBN 959-18-0085-1

Svartholm, K. (2008). The written Swedish of deaf children: A foundation for EFL. In C.J. Kellett Bidoli & E. Ochse (Eds.), *English in international deaf communication* (pp. 211–249). Bern: Peter Lang.

Svartholm, K. (2010). Bilingual education for deaf children in Sweden. *International Journal of Bilingual Education and Bilingualism, 13* (2), 159–174.

第7章
米国におけるアメリカ手話を
用いたろう教育

富田望

1. はじめに

　筆者はアメリカのフレーミングハム州立大学でデフスタ
ディーズ（ろう者学）を教えている。アメリカでは「デフ」は、
日本語で使われる「聴覚障害者」という言葉と同じように、包
括的な意味として使われ、ろう・難聴者（Deaf & Hard of
hearing）というふうに使用されているのを見かける。手話通
訳士を目指す学生に、米国の聴覚障害者について、また手話言

語について教えており、さらに「ろう者と社会正義」という一般教養のクラスも担当している。

　筆者は現在米国に住んでいるが、日本で育ち、日本の聾学校、また普通学校を経験した当事者でもある。当事者でありながら、聴覚障害者に関わる専門的な仕事をしている立場として本章を書く。アメリカにおけるアメリカ手話（ASL）を用いたろう教育の普及の現状を中心に、自然言語の手話での教育を推進しようという動きが先進国では主流の流れであるということを述べていく。最初に世界の中での日本の動きを説明し、その中でアメリカの現状に触れる。そしてそれによって、今、日本で起きている日本手話という言語をめぐる学習権の問題が画期的であるということを強調したい。さらに、先進国の中でもアジアをリードする国として、第一歩を踏み出すよう求める内容となっている。

2. 手話を言語として認めた国

　日本は 2007 年に「法的に手話を言語として承認する」障害者基本法を採択した。しかし閣議での批准への流れにおいて、様々な理由により案件から外されてしまった（田門, 2014）。条約を批准したものの国内での法整備に手間取っている。この法的承認によって生まれる次の論争点は、言語権につながる活動が中心になることが多いという。それは日本のみならず、他の国でも同様のようである。

　Murray（2015）によると、1990 年ごろから北欧や北アメリカで手話話者を文化的・言語的マイノリティとしてみなす考

え方が推奨され、主流となった。スウェーデンは北欧で手話を国の言語として初めて認知した国となった。国の認知により、手話が聴覚障害児へのことばの教育の選択肢の一つとして保証されるようになった（Hult & Compton, 2012）。この点はアメリカも同様だが、アメリカでは、メジャーな言語である英語ですらも、国の言語として明記していないので、手話についても認知しなくても良いという見方が浸透しているように思われる。だがろう児が教育を受けるための権利に関する法整備には積極的であるという印象を受ける。

　同時期、欧米各国では国の施策によるコーパス計画などがメジャーになった。2010 年ごろである。言語政策の一環として、手話記述法や記録などを通して、言語権運動の発展を促す流れが欧米では主流となった（Murray, 2015）。 2010 年 には欧州ろう連合から手話言語法制度に関する本が出版され、その文章内で手話の権利＝人権という権利概念について触れられており、特に聴覚障害者が手話を使用する権利と人権としてその言語にアクセスできる権利に言及されている（Whatley & Pabsch, 2010）。

　Haualand and Allen（2009）は「世界ろう連盟のグローバル調査報告書」において、ろう者（人工内耳装用児、難聴児、聴覚障害児など）の人権の基本要素には「手話の権利」があり、それが保障されることによって、やっと人権が保障されるのだと主張した（参照：図1）。
　Haualand and Allen（2009）のこの調査によれば、調査国93 か国のうち 44 か国では何らかの形で手話の言語認知が行わ

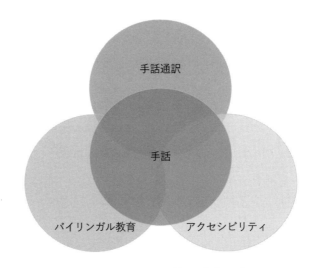

図1 ろう者の人権の基本要素

「世界ろう連盟のグローバル調査報告書」（Haualand & Allen, 2009; 筆者訳）

れているという。南アメリカでは調査に回答した9か国のうち4か国が正式に手話を言語として認知したという。メキシコ、中米、カリブ海諸国では調査対象の12か国のうち半分が認知しており、アメリカの東部および南アメリカでは19か国中、10か国が認知している。マグレブ諸国を含むアラブ地域の15か国のうち認めていないのは4か国である。アジア太平洋地域からは14か国だけが調査に参加、正式に手話を認めている7か国のうち3か国は先進国の日本、ニュージランド、オーストラリアである。残りの国はタイ、マレーシア等である。

3. アメリカにおけるアメリカ手話を用いたろう教育の普及の現状

　上記の言語権にまつわる運動は、アメリカでも起こった。2004 年にはアメリカの各州におけるアメリカ手話に関する法律の枠組みについて再検討する動きが出た。特にアメリカ手話が音声言語の英語とは異なった独自の文法を持った言語であることについて十分な議論が行われた。その年、アメリカ手話を独自の言語として認識する州では法律の改正も行われた。そして改定を行なった 40 州のうち 27 州が手話の言語的記述と自然言語としてのアメリカ手話を正式に認識することになった。以後、全米各地の多くの中高生を対象とする学校では、スペイン語などの他の外国語と並んでアメリカ手話が教えられるようになった。

4. 自然言語である手話言語を

　私は Reagan（2010）の言葉を引用して、手話を言語として認めることの大切さを訴えたい。特に日本手話が日本語とは違った独自の文法を持っている、ということを認めることは重要である。 Reagan（2010）は、先進国においてコーパス言語学や、論文を世に出し、手話を言語として認知するという法的介入が行われることは、顕著な流れのようであると述べた。このように言語権を守ることは、図 1 に示した Haualand and Allen（2009）のろう者の人権の基本要素を保障することにもつながる。すなわちマイノリティの属性を持つ手話という言語

の地位向上につながる、といった効果もある。すなわち日本手話を話す子の学習権のみならず、通級学級に通う聴覚障害児の手話通訳サービス、また字幕などのアクセシビリティーの供給と需要の関係を強化し、結果的に取り残される子をなくすことにつながる。

　1980年ごろ、米国でも対応手話（Signing Exact English）や中間手話（Pidgin Sign Language）に関する論争が繰り広げられていたが、現在では取り上げられることもなくなった。公的にアメリカ手話という言葉が使われるようになり、一般的に手話というとアメリカ手話という公式が浸透している。下の図2ではアメリカ手話の中でも、いろいろな種類や使用範囲があるが、手話を生まれた時から使用する言語マイノリティであるろう者に敬意を払い、「一般的な手話」という言い方がされた時、それは大抵の場合アメリカ手話という意味合いを含んでいる。図2で左側にあるのは、英語の文法に従って手話が表わされる英語対応手話、そして真ん中にある中間手話は英語とアメリカ手話の文法の特徴が混ざった手話表現である。

英語対応手話 (Signing Exact English)	中間手話 (Pidgin Sign Language)	アメリカ手話 (American Sign Language)

図2　手話を教える講師がよく使う「アメリカ手話の使用範囲」について（筆者訳）

　高嶋（2015）では、日本手話者の間でも同様の使用の幅が

見られることが論じられている。

5. 聾学校での日本語対応手話が日本手話児に与える影響

　日本手話と日本語対応手話の区別の是非について、区別が大事になるのは、子が得意とする言語、また生まれ育ってきた教育的背景によると考えられる。例えば、残存聴力があるか否か、また日本手話に乳児期から触れ第一言語として身につけているか否かである。札幌聾学校を提訴した生徒の第一言語は日本手話であり、親が手話を使い、子に継承されているケースである。

　ほとんどのろう者が、成長するにつれて日本語も習得していくので手話の使用幅の大きさ、つまり、日本語対応手話に慣れていくとされるが、まだ成熟していない子にそれを求めるのは酷である。聴覚障害児のニーズは多様であり、日本手話児が教師の言っていることがわからないと主張するのなら、学校は文部科学省の『聴覚障害教育の手引き』（p. 25）に従って、特別な配慮を必要とする重度障害児への配慮の一つとして、手話を使用した教育を提供し、物事の概念や生活の基礎となる言葉の習得を促す責務がある。この場合、日本語寄りの手話ではなく、文法的に確立された日本手話を好む（a full-fledged language）子のニーズに合わせることが大事なのである。これは文部科学省の手引きにいう、集中できる環境の整備に当然含まれるものである。

　この点について米国の例を見ると、2004 年に発足したIDEA 法により、個別指導計画書（IEP）を教育者と子の保護

者が相談しながら作成することが義務付けられている。家族が希望する言語、また子が使用する言語のレパートリーに合わせて、教育計画を立てることが前提となっている。日本の場合は手話という言葉が使われた時、それはほとんどの場合「対応手話」のことであり、それにより取り残される子が一定数いる。そうした子どもたちのニーズを無視し、あたかも何も問題がないかのように、目を背けるという態度こそが問題なのだ。児童生徒の言語のレパートリーに合わせて対応する責務が（教師・聾学校など）にはあると考える。しかし日本手話を第一言語とする子どものニーズは満たしていない。

　手話が言語であるという認知によって発生する権利運動は、先進国では顕著である。日本手話が日本語と異なる体系を持った語彙、文法、コミュニケーション構造を持つことを考慮すると、教師が日本手話を話し、かつ、読み取ることができない限り、日本手話を第一言語とする子に十分な学びの環境を提供していると主張することはできない。一刻も早く日本手話で学びたいと願う子の学習環境が整うことを願う。

参考文献

高嶋由布子（2015）「手話言語法の法制化をめぐる考察　人権擁護との関連から」『認知科学』22(1),181–193. https://doi.org/10.11225/jcss.22. 181

田門浩（2014）「手話言語法の法制化をめぐる考察　　人権擁護との関連から」『手話学研究』23(1),11–30. https://www.jstage.jst.go.jp/article/

jasl/23/0/23_11/_pdf/-char/ja

文部科学省（2020 年 3 月）『聴覚障害教育の手引き』https://www.mext.
go.jp/content/20200324-mxt_tokubetu02-100002897_003.pdf

Haualand, H., & Allen, C. (2009). *World Federation of the Deaf Global
Survey Report*. World Federation of the Deaf.

Hult, F. M. & Compton, S. E. (2012). Deaf education policy as language
policy. *Sign Language Studies, 12*（4）, 602– 620. https://doi.org/10.
1353/sls. 2012. 0014

Murray, J. J. (2015). Linguistic human rights discourse in deaf community
activism. *Sign Language Studies, 15*（4）, 379–410.

Reagan, T. G. (2010). *Language policy and planning for sign languages*.
Gallaudet Univ Press.

Wheatley, M., & Pabsch, A. (2010). *Sign language legislation in the
European Union*. European Union of the Deaf.

第8章
明晴学園のバイリンガル・
バイカルチュラルろう教育

学校法人　明晴学園

1. はじめに

　本章では日本手話で教育を行うバイリンガル・バイカルチュラルろう学校、明晴学園の教育実践から見た、ろう教育におけるろう児の確かな成長のための日本手話の重要性を主張したい。

　明晴学園は東京都が国の教育特区に申請して認可され、2008年に設立された私立のバイリンガル・バイカルチュラルろう学校である。2023年6月現在で、3歳から15歳までの

70 人のろう児が学んでいる。

2. 明晴学園の教育課程

　明晴学園では国の教育課程に従っており、すべての教育活動が日本手話で行われている。ただし、国語の 4 領域のうち、「話す・聞く」は手話科で、「読む・書く」は日本語科という音楽と自立活動を再編成した独自の教科で教えられている。特区としての措置である。（詳しくは『明晴学園の教育課程』参照）

　教員免許を有する教員数は 36 人で、ろう者の教員が 22 人、聴者の教員が 14 人である。校長も二人の教頭もろう者である。聴者の教員は基本的に日本手話ができるが、教科によって手話ができる教員が見つからない場合には、手話通訳付きでの授業を実施している。手話通訳者は日本手話と日本語間の通訳トレーニングを受けており、子どもたちは安心して学ぶことができる。

　明晴学園では 2013 年の最初の卒業式以来、2023 年 3 月までに、47 人の卒業生を輩出し、うち、15 人が大学に進学した。すでに高等学校の普通科やろう学校高等部を卒業しているのは 31 人なので、大学進学率は 48.3 ％である。これは全国のろう学校の大学進学率 22.5 ％（文部科学省初等中等局特別支援教育課『特別支援教育資料（令和 3 年度)』）よりかなり高い。

3. 乳幼児教育における言語環境

　幼稚部のような年齢の低いクラスでは特に手話環境を重視し、

日本手話のネイティブサイナーであるデフファミリー出身の教員を優先的に配置している。乳幼児の療育および教育は、指導者が子どもの小さな発信を見逃すことなく受け止めることからはじまる。また、乳児クラスでは、日本手話による早期支援のプログラムを充実させ、言語剥奪状態にならないように、0歳児からの手話による豊かな言語環境を提供している。手話はろう児と両親の確かなコミュニケーションを実現させる唯一の方法であり、単語を覚えるだけでなく様々な事柄を理解し、概念を育てることが十分可能になる。コロナ禍においても、0–2歳児がろうの指導員とオンライン上で遊び、歯磨き指導なども行うことができた。

4. 日本手話による教科学習

　明晴学園では基本的に国の教育課程に従っているので、教科書も基本的に供与されるものを使用している。しかし、それらはすべて日本語のみの表記で、バイリンガル教育には不十分であるため、独自の教材も使用している。詳しくは以下を参照していただきたい。

『ハルミブック』（日本語版上・下）
『ハルミブック指導書』（日本語版・手話版）

　日本手話の特徴である文法要素のCL（ものの形や材質、大きさなどを手の動きや形で表す表現）やRS（話者が「現在の自分」以外の人物の考えや行動を表す表現）、空間の利用は

様々な教科指導において、例えば数の大小関係、図形やグラフの特徴、気候や植物、反射や電流など、数学的現象や科学的現象を理解したり説明したりするのに大変役立っている。詳しくは以下を参照していただきたい。

明晴学園研究収録　「手話で学ぶ4」（教科編）

　また、以下の「算数の指導法に関する手話動画」3本も参考になるかと思われる。

（動画1）算数・数学でよく出る文章問題の手話表現
https://vimeo.com/463340098/01582c7c09

算数・数学でよく出る図形などの手話表現

平面の CL 表現
https://youtu.be/_
TqskUmaUgI

立体の CL 表現
https://youtu.be/
JEeIG9cHT18

　また、ろう児においては遅れると言われる「心の理論」の獲得も、2021年に日本手話を用いた検査を7歳児、10歳児、13歳児に対して行ったところ、概ね年齢相応にできていることが分かった。

5.　自己肯定感を育てる教育
　校内に日本手話という共通言語があることで、教室内での他

の児童・生徒たちと活発な議論や協力ができる。また、他の一般校との交流も多数行われている。

　児童・生徒たちはろう者学を含む手話科の授業を通じ、バイリンガルであるとともにバイカルチュラルであるというアイデンティティを持って成長している。そのため、自己肯定感が高い。以下の「聞こえないことは可哀想？」というろう者や手話のことを知らない人からしばしば訊ねられる疑問や質問に対する明晴学園の子どもたちおよび聴者の教員に対するインタビューでも、聞こえないことが可哀想だという考えは出てこない。

（動画 2）「聞こえないことは可哀想？」
https://vimeo.com/538613171/c6fdbca7c2

6. 手話科の成果

　明晴学園は手話科という特別の教育課程を認められているので、その実施状況等について文科省に対して報告するとともにその内容を明晴学園ホームページでも公開している。2021 年度の報告には、以下が述べられている。

　　特別の教育課程の実施の効果及び課題
　（1）特別の教育課程の編成・実施により達成を目指している目標との関係
　　本校では開校時から「自ら学び、自ら考える人を育て

る」、「豊かな人間性・社会性をもち、多文化共生社会・国際社会に生きる人を育てる」「手話と日本語、ろう文化と聴文化を学び、自分に自信を持って社会で生き抜く力を育てる」を教育目標としている。「考える力」「関わりあう力（人間性・社会性）」「自分に自信をもって生き抜く力」の3つの力を育てるために、アクティブラーニング「しかあり（知る・考える・表す・利用する）」を取り入れ、ろう者や聴者との多様な異文化交流、ろう者の歴史やろう文化などに関する学習を積極的に行ってきた。保護者アンケートでは、「考える力」「人間性・社会性」「手話と日本語のバイリンガル」については95％前後、「ろう文化と聴文化のバイカルチュラル」については88％から肯定的な回答を得た。バイカルチュラルもバイリンガルと同様、共生社会のために重要であり、幼稚部から中学部までの12年間を通して、ろうの仲間と出会い、ろう文化と聴文化の違い、聴文化との共生について考えることができるように、今後とも引き続き取り組んでいきたい。

（2）学校教育法等に示す学校教育の目標との関係

　特別の教育課程では、日本手話と書記日本語のバイリンガルろう教育を軸とした教育を積み重ねてきた。それによって幼児・児童・生徒の概念や思考の広がりや深まり、聴力に影響されない会話や教科学習の十分な保障、自己肯定感の育成を可能にしている。

　日本語については、中学部卒業までに日常生活や学校生活に困らないレベル以上の日本語能力の習得をめざし、日

本語能力試験（国際交流基金・国際教育支援協会）で確認
するなどしている。すでに高校を卒業した卒業生の半数は
大学に進学し、その他の者も専攻科に進学したり就職した
りするなどして、自立と社会参加を可能にしている。

7. 第三者の評価およびまとめ

　明晴学園では国内外の研究者による研究も積極的に受け入れ
てきており、その教育成果は高く評価されている（クァク，
2017）。また、メディアによる取材も多く、2018 年 5 月に放
送された、明晴学園を舞台にした ETV 特集『静かで、にぎや
かな世界』（NHK E テレ）は、上質なテレビ番組を顕彰する
ギャラクシー賞で選考委員の大きな支持を集め、その年の大賞
を受賞した。

 https://www.nhk.or.jp/heart-net/movie/188/

　この動画は 2 分以下にまとめられた紹介動画であるが、子
どもたちの日常生活が映されており、草野心平の「春のうた」
を扱った手話科の授業の様子などが見て取れる。その他の研究
成果は文献に示した。
　最後に主張を繰り返すが、日本手話による教育は可能であり、
それは過去 15 年に及ぶ明晴学園の実績から明らかである。卒
業生たちは日本手話と日本語のバイリンガルになるのみならず、

ろう者としてのアイデンティティと自己肯定感をもち、社会に
貢献できる人材として育っている。その根幹にある日本手話に
よる教育の重要性については、強調してもしすぎることはない。

参考文献

学校法人明晴学園（2014）『明晴学園教育課程』学校法人明晴学園

クァク・ジョンナン（2017）『日本手話とろう教育　日本語能力主義を
　　こえて』生活書院

明晴学園教材開発チーム（2008）『ハルミブック』（日本語版上・下）特
　　定非営利活動法人バイリンガル・バイカルチュラルろう教育センター

明晴学園教材開発チーム（2009）『ハルミブック指導書』（手話版）佐々
　　木倫子・古石篤子監修、特定非営利活動法人バイリンガル・バイカ
　　ルチュラルろう教育センター

明晴学園教材開発チーム（2009）『ハルミブック指導書』（日本語版）佐々
　　木倫子・古石篤子監修、特定非営利活動法人バイリンガル・バイカ
　　ルチュラルろう教育センター

第9章
バイリンガルろう教育を阻むもの

佐々木倫子

1. はじめに

　筆者の専門は、日本語教育学およびバイリンガルろう教育である。日本語教育学は大学で専攻して以来、半世紀を超えて関わってきた。しかし、ろう教育に足を踏み入れたのはそれよりもはるかに遅い。国立国語研究所日本語教育センターに勤務していた1999年のことだった。「バイリンガリズム―日本と世界の連携を求めて―」という国際シンポジウムの開催を担当し、

6人の研究者による発表の後、会場との質疑応答に入って最初に出たのが、以下の質問だった。

「ろう教育でのバイリンガル・バイカルチュラル・アプローチについて、例えば英語とアメリカ手話の2言語2文化アプローチについては、どう捉えられていますか」。

バイリンガリズムをテーマとしたシンポジウムを企画した私には、ろう者のバイリンガリズムはまったく頭の中になく、まして答えらしきものは頭に浮かばなかった。その場では「これは長期的な宿題ということにさせていただきます。」と答えるのがやっとだった。不意打ちにあった驚きは、心の片隅にとげのように残り、文字通りの長期的な宿題となった。

その後、長期的宿題に答えを見つけるべく、日本語および英語で書かれた関係文献を読み、ろう関係の研究会に参加し、機会を捉えては聾学校を見学させていただいた。日本の私立聾学校2校と公立聾学校10校以上を、時には複数回ずつ見学し、少しずつどのような教育がなされているかが見えてきた時には驚きを禁じ得なかった。目に映るろう教育の現場に対する疑問をまとめつつ、さらに、海外のカナダ、スウェーデン、香港、ブラジル、韓国、オーストラリア、米国の聾学校を訪問し、国内の聾教育の課題を自分なりに再確認した。

2. 従来型のろう教育の限界

ろう教育関係の論文の中で筆者がくり返し主張してきたのは、ろう教育におけるバイリンガル・アプローチの必須性である。佐々木（2017）では、従来型のろう教育で、ろう児の本来の

第一言語であるべき日本手話が否定されている現状とその要因である6つの誤解について述べたが、それはまさに2022年に、札幌聾学校の日本手話クラスで起きた問題と重なると思われる。以下、6つの誤解を出発点に、改めてバイリンガルろう教育を阻むものをまとめたい。

(1)「手話は言語ではない」とする誤解

　言語学をはじめとする学問の世界では、1960年にギャローデット大学のウィリアム・ストーキーによるアメリカ手話に関する論文、Stoekoe（1960）が発表されて以来、ろう者の手話が独立した言語であるという定説が確立されてきた。それがアメリカ手話であろうと、オーストラリア手話であろうと、日本手話であろうと、それぞれ独立した確固たる構造を持った自然言語であり、日本手話は日本に住むろう者の第一言語である。しかし、この事実がろう教育の世界では認識されていない。日本語のみが言語であり、手話は身ぶりのようなもので、授業内容は日本語でなければ伝えられないとする聴者の聾学校教員が圧倒的多数である。そして手話の使用を推奨する教員であっても、手話力に限界があるケースも多い。ある公立聾学校に手話を導入したのは自分だとする聴者教員の発言を佐々木（2015：22）から引用する。

> 「手話じゃ授業ができない。たとえば、理科を教えようと思っても『触媒』という言葉すらないんだから。日本語を使わざるを得ない。」

日本語にも漢語や英語からの借用語は多い。手話に日本語からの借用語があっても、それは手話が授業言語になれない根拠にはならない。さらに、筆者は「触媒」の概念が手話で表現できることをろう教員に確かめた。つまりここで露呈しているのは、手話推進派の教員でも手話で理科が教えられないのは自身の手話能力の限界ではなく、手話が日常会話レベルの言語だからとする誤解である。そして、言うまでもなく、この誤解を引き起こしているのは当の聴者教員のせいではなく、しっかりした手話研修を用意しない教員養成制度の問題である。

　教員も教員養成者も大多数が聴者で、日本語を唯一の言語とするモノリンガル話者である。生徒に（手指単語を添えることもある）日本語で教え、日本語でコミュニケーションをとり、日本語を育てることになる。日本手話しか自然習得できないろう児に対して、日本手話で教え、コミュニケーションをとり、生徒の日本手話能力を育てることもできないし、それを目標にすることもない。日本手話環境を用意しない、つまり、言語剥奪の状況を作り出しているが、聴者教員はけして悪意でろう児をこの状況に置いているわけではない。言語剥奪をしているという自覚はない。日本語中心の言語環境を変えて、日本手話と日本語のバイリンガル環境を作らない限り、ろう児の言語発達・認知発達の遅れは解消できないのだが、「手話は十全たる言語ではない」という誤解がろう教育界では主流である。

(2)「手話はひとつ」とする誤解

　多くのろう者は成人になるころには日本語をある程度習得するので、手指日本語もそれなりに使えるようになる。コミュニ

ケーションの相手が聴者の場合は、日本手話から手指日本語に
切り替えることもあるし、中間的な表現でやりとりすることも
ある。ただ、それは日本手話と手指日本語の両言語を使用する
力があるというだけで、日本手話と手指日本語の違いを知らな
いわけではないし、日本手話でのコミュニケーションの流暢さ
を手指日本語でも持てるわけでもない。

　しかし、手指日本語が聾学校で使用される背景には様々な要
因がある。手指日本語は基本的に日本語なので、聴者の聾学校
教員が限られた時間で、とりあえず身につけられるという利点
がある。「とりあえず」最低限必要な手話単語をいくつか覚え
なければと考え、そしてそのレベルで留まってしまうというこ
とが起きる。公立学校の人事異動の制度で、3年程度で次は知
的障害のほうに行くかもしれないといった状況の中では、当然
「とりあえず」のレベルに留まることもあるだろう。ろう生徒
たちは、どの先生も十分には通じないコミュニケーション手段
を使うのに慣らされて文句を言わない。

　その他の要因として、日本語とは文法構造が異なる日本手話
の存在を認識していても、あえてそれを授業言語にはしないベ
テラン教員もいる。聾学校の使命を日本語の定着に起き、その
ため開発された手指日本語を一貫して使用するという選択であ
る。無論、日本語の定着を目指す場合でも、不完全な日本語で
ある手指日本語ではなく、思考の速度にそった日本手話による
日本語文法等の説明・理解の後、日本語を現実に使用するほう
が身につくし、語彙をふやすには読書の楽しみを知り、自分で
読み進めるほうが効果的である。しかし手指日本語を使用した
説明と練習が日本語を定着させるとする誤解は根強い。

そして、さらに影響力のある要因は、全日本ろうあ連盟の主張である。社会運動の立場から母体である手話運用者を出来るだけ大きく囲うための「手話はひとつ」という主張は、ろう児の教育のための授業言語としての日本手話とは別の次元の話である。子どもの認知発達は、周囲の人とのやりとりの中で育っていくもので、やりとりの言葉は、制限なく使えて、やりとりの内容に集中できる、第一言語が望ましい。

　ある公立聾学校の授業を見学した時に、聴者の教員による手指日本語による質問がわかりにくいと、生徒達はお互いに日本手話で教員の意図を検討し、解答をまとめ始めるのを見た。そして結論に達すると、生徒のひとりが教員に向き合い、声つきの手指日本語で自分たちの解答を伝える。あるいは、聴者の教員が質問を板書し、ろう中学生たちに向かい「話し合ってごらん」と指示を出す。すると生徒たちは、日本手話で話し合い、答えがまとまると、教員にむかって手指日本語で結論を説明する。つまり、生徒たちは手指日本語を一貫して使用するのではなく、真のやりとりが必要になると日本手話に切り替えるのだ。心ある聴者教員は、日本手話が生徒たちにとって必須であること、彼らが日本手話と手指日本語のバイリンガル話者であることを知っている。聾学校で広く知られている、抽象的な概念の理解や客観性の確保が難しい「9歳の壁」を乗り越えるには、すべての聾学校の生徒間で非公式に用いられている日本手話を、授業言語に格上げし、日本語とのバイリンガルろう教育を推進するしかないのだ。それでこそ生徒たちの認知発達は順調に進み、「9歳の壁」は乗り越えられる。「手話はひとつ」ではない。

(3)「聾学校では手話で教えている」という誤解

　1993年の「聴覚障害児のコミュニケーション手段に関する調査研究協力者会議報告」を境として、日本でも手話を導入しているとする聾学校が増えており、授業見学に行くと、話しながら手を動かしている聴者の先生方がかなり見られる。しかし、(2) で述べたように、多くの場合それは手指日本語／手話つきスピーチである。昔と違い、生徒たちの日本手話の使用に寛大な先生は増えたが、教室内では日本手話で教えることも、日本手話を教えることも、ほとんどなされていない。つまり、言語剥奪の状態が、大多数の聾学校で続いているのである。

　日本手話が使用されないのは、個々の教員の資質の問題ではなく、教員の異動があること、聴者の教員に十分な手話講習が用意されないこと、ろう者の教員免許取得を可能にするような教育レベルの達成がこれまで難しかったこと等の教員養成の制度的問題による。そして、その制度的問題は、希望する教員に対しては頻繁な教員異動を止める、十分な手話講習を用意するなど、解決しようと思えば出来ることなのである。手指日本語を使うことで、「手話で教えている」とするごまかしは即刻止めるべきである。

(4)「手話は使っていれば自然に育つ」という誤解

　第一言語を育てるということがどういうことかを、日本語を例に説明したい。国内では、家庭内でも近隣社会でも、日本語は常に使用されている。つまり聞こえる子どもは、お母さんの胎内にいるときから豊かな日本語インプットを受け続けている。０歳児のころの、ゆっくり、高い声で、はっきりと、顔を見て

話しかけられることに始まり、日常会話はもとより、政治・経済問題に至るまで多様なジャンルの日本語が、自分に対しても、周囲の人同士の間でも、交わされている。その上、小学校、中学校、高等学校には、国語の授業があり、日本語の正確さや適切さが育てられる。それでも、大学入学後に最近の大学生はろくな日本語が使えないと、「口頭表現」、「論文・レポートの書き方」といった講義が必修となる。大学を卒業して就職してからも、接客話法、文書作成、プレゼンテーションなどを学び、やっと一人前の日本語の使い手とみなされる。

　一方、ろう児の第一言語である日本手話の育成はどうか。誕生直後から日本手話環境は用意されているだろうか。ろう児の親の90％以上は聴者であり、家庭での手話環境は皆無になりがちで、これではいわゆるホームサインといわれる自己流の身振りによる伝達方法にとどまる。一般社会でも手話はまず使用されず、ろうコミュニティも弱体化しており、どこにいても言語剥奪の状況にあるわけである。マスメディア上の手話による発信は、音声による発信に比べてあまりにも限られている。親も子もろう者であるデフ・ファミリーの場合でも、家庭内コミュニケーションは日常会話レベルにとどまりがちである。そこで頼りは聾学校となるわけだが、生徒同士の会話レベルにとどまる学校も少なくない。一部のろう者教員以外に、流暢な、教科を教えられるような手話能力を期待することは難しい。さらに、国語授業に匹敵する手話の授業は、私立明晴学園を除けばまず存在しない。私立明晴学園の場合は、従来の「国語」「音楽」「自立活動」を統合・再編成して「手話」「日本語」という教科を設置し、文部科学省から特例校として認可されてい

る。

　手話能力は他のすべての言語同様、言語環境によって、到達するレベルが決まる。言語剝奪の状態ではまったく育たないし、日常会話のみの言語環境では、当然日常会話レベルにとどまる。教科を理解し、自身の思考を発信できる手話能力の育成には、それなりの日本手話の言語環境が必要である。その環境に置かれてこそ、第一言語と、そして、第二言語の日本語で内容のあるやりとりが出来、ろう生徒たちの認知能力は軽々と9歳の壁を超え、大学入試を突破し、社会に貢献できる市民となる。豊かな日本手話環境を用意してこそ、手話能力は育つのだ。

(5)「テクノロジーがろう児をなくす」とする誤解

　人工内耳、補聴器の改善をもっても、早期発見・早期治療が行われても、ろう児は聴児になるわけではなく、現状では難聴児になる。たとえ成功例として、音が聴きとれて、かなり明瞭な発音が出来るようになっても、それは自由に話せることと同じではない。ある程度の聴力をもつろう児にとって、音声インプットは音声言語習得の助けにはなるが、音声言語を自然習得できることにはならない。

　子どもの言語発達・認知発達には、周囲との自由闊達なやりとりが重要である。やりとりで促進される言語発達は、自分に話しかけられたときだけに起きるのではなく、聴児の場合、意識せずに耳に入ってくる膨大なインプットが側聞され、それがあるとき意味と結びつき、記憶に刻まれることのくり返しによって発達が起きる。周囲で大量に行きかうコミュニケーションが膨大なインプットとして存在する中で、意味と結びついた

インプットが内在化されインテイクとなる。ところが、ろう児の場合、生まれてから就学以前の言語獲得の時期に、彼らの第一言語である、日本手話の環境がまず存在しない。言語剥奪が起きているのだから、語彙の拡大にも、正しい文法の定着にも、語用論的能力の育成にも、問題が起こるのは当然である。第一言語の発達の機会を奪っておいて、第二言語の日本語を不自由・不十分な手段によって習得させようとする限り、ろう児は十全たる言語発達・認知発達をすることはできない。テクノロジーはろう児をなくしはしない。

　成長してから手話の存在を知り、幼少年期にろう者との接触を与えなかった親への強い反発を引き起こすケースがある。生活音の聴き取りは無論のこと、言語音の獲得にもある程度成功したにもかかわらず、自我の発達とともに、人工内耳を切り、手話に固執する者も出現する。これは手話のモノリンガルの世界に自分を閉じ込めてしまう行動であり、このような悲劇を避けるためにも、すべてのろう児のバイリンガル話者への成長を可能にする言語環境が必要である。聾学校における言語剥奪を避ける唯一の方法は、人工内耳手術ではなく、バイリンガルろう教育である。

(6)「手話言語法制定が手話を社会で確立する」という誤解

　全日本ろうあ連盟による「日本手話言語法案」の第6条2では、以下が書かれている。

　　国は、学校教育法に定める学習指導要領に手話言語（筆者
　　注：日本手話）の位置づけを策定し、ろう児を対象にした

特別支援学校等においては必須教科とする。

また、都道府県手話言語条例モデル案「(学校における手話の普及) 第 12 条は以下のように記されている。

聴覚障害者である幼児、児童又は生徒（以下「ろう児等」という）が通学する学校の設置者は、手話言語（筆者注：日本手話）を学び、かつ、手話言語で学ぶことができるよう、教職員の手話言語の習得及び習得した手話言語に関する技術の向上のために必要な措置を講ずるも のとする。

これらの法案・条例モデル案はきわめて適切なものである。しかし、実践は遅々として進まない。しかも、手話の時間に導入される「手話」を「日本手話」と明記しなければ、すでに学校教育の現場で授業言語として多く用いられている手指日本語を広めることになるだろう。変わらぬ現実どころか、日本手話の駆逐につながりかねない。札聾に限らず、公立聾学校においても、ろう児の言語発達・認知発達に必須の、生徒および教員のための日本手話育成のカリキュラムの普及がなされることを強く願っている。

参考文献

佐々木倫子（2015）「第 1 章　手話と格差ー現状と今後にむけて」杉野俊子・原隆幸（編著）『言語と格差』明石書店

佐々木倫子（2017）「第 1 章　日本手話とろう教育—危機的な時代の第
　　三の道」杉野俊子（監修）田中富士美・波多野一真（編著）『言語と
　　教育』明石書店

全日本ろうあ連盟「日本手話言語法案」https://www.jfd.or.jp/info/misc/
　　sgh/20190515-sgh-houan.pdf「都道府県手話言語モデル案」https://
　　www.jfd.or.jp/info/misc/sigh/20190515-todofuken-jorei-model.pdf

William C. Stokoe, Jr.（2005）. Sign language structure: An outline of the
　　visual communication systems of the American Deaf. *Journal of Deaf
　　Studies and Deaf Education*,10（1）, 3–37. https://doi.org/10.1093/
　　deafed/eni001（Reprinted from "Sign language structure: An outline of
　　the visual communication systems of the American Deaf," 1960,
　　Studies in Linguistics, Occasional Papers, 8.）

第 3 部

権利としての日本手話

第 10 章
「日本手話」と明記した手話言語条例

戸田康之

1. はじめに

　筆者は日本手話を第一言語として使用するろう者で、埼玉県
の聾学校の教員として勤務している。また、在住している埼玉
県朝霞市の「朝霞市聴覚障害者協会会長」として活動し、
NHK 手話ニュースキャスターとしても活動し、東京・北京オ
リパラ開閉会式など NHK の放送のろう通訳者としての活動も
増えている。

今回の「日本手話」に関わる教育現場の問題とは別の観点から、ろう者の言語としての「日本手話」について意見を述べたい。

2.「朝霞市日本手話言語条例」の施行

　平成 27 年 9 月 24 日、埼玉県朝霞市議会において、「朝霞市日本手話言語条例」が全会一致で可決された。手話言語条例に関する条例として、全国で 20 番目、埼玉県内では初の条例であった。そして、言語としての手話を「日本手話」と明示したことは条例として画期的であり、日本の条例で「日本手話」と明記された事例としては初めてのことである。平成 28 年 4 月 1 日より、「朝霞市日本手話言語条例」が施行された。これ以降、全国の自治体で手話言語条例が成立しているが、表題に「日本手話」と明記している条例は、2022 年現在、朝霞市の条例のみとなっている（新潟県小千谷市や東京都府中市など、条例の文章の中で、「日本手話」を明記している手話言語条例はある）。ただし、「日本手話」という表記は用いていないが、どの手話言語条例も「手話言語」と表記し、「手話は、特定の意味、概念等を手指、表情等により表現する独自の体系を持つ言語であるという旨が表記されており、これが意味する言語は日本手話であることを前提にしている。なぜ他の自治体の条例と同じように「手話」とだけ記すのではなく、手話言語の名称として「日本手話」を定義し、「日本手話」と明記した条例を制定したのだろうか。

3. 手話通訳を「日本手話」で

　現在、多くの自治体で手話通訳者の養成・派遣事業が行われ、ろう者は医療や教育など生活の中で手話通訳者派遣事業を利用して、相手とのコミュニケーションを図り、情報を得ている。私自身も生活の中で、この派遣事業を多く利用している。そして、朝霞市聴覚障害者協会会長として、朝霞市の手話通訳者等派遣事業をより良くするために、サークルや通訳者、市の行政担当者と連携した取り組みを行っている。

　「手話」といっても、コミュニケーション手段としてのいろいろな「手話」の形が存在する。例えば、大人になって聴力を失った中途失聴者は、既に日本語を獲得しているので、音声日本語を話しながら日本語の単語に一対一対応をさせて表現する日本語対応手話（手指日本語）を使用する。先天性のろう者や幼い時に聴力を失ったろう者は、手話言語としての「日本手話」を獲得しているので、日本手話を使用する。しかし、これは絶対的なものではなく、ろう者、中途失聴者、難聴者、それぞれの中には、日本語対応手話を使用する人も日本手話を使用する人もいる。

　手話通訳者は、相手の使うコミュニケーション手段、言語に合わせて、通訳をする必要がある。例えば、相手が日本手話を使うならば、日本手話で通訳をし、相手が日本語対応手話を使うならば、日本語対応手話で通訳をし、もしくは手話が全く分からないならば、文字で通訳したり、口形を分かりやすく表現して通訳したりすることも必要である。

　しかし、手話通訳者が日本手話を習得していない場合、利用

者が通訳者の手話を理解することができずに内容がずれて伝わったり、利用者が表現する日本手話を通訳者が理解できずに、間違った手話通訳が行われたまま相手に伝わってしまったりするという問題が起きる。命に関わる医療現場では大きな問題を引き起こす可能性がある。日本語対応手話は出来るが、日本手話は出来ない手話通訳者では、言語として日本手話を使う者にとっては不十分、不都合なのである。

このような問題を解決するため、また、朝霞市内に住む日本手話を使うろう者の生活を守るために、手話言語条例では手話とは「日本手話」であると定義し、明記することにこだわった。条例で言う手話は「日本手話」であると定義することで、手話通訳者は日本手話を習得することが必須となる。また、手話通訳者の養成につながる手話講習会で教える手話とは、必然的に日本手話となる。手話通訳者は聴者であるため、既に日本語を獲得している。日本手話を習得しても、手話通訳の相手方の一方が日本語対応手話を使用する者ならば、日本語に合わせて手話語彙を表現することで対応することが可能である。そして、相手が日本手話を使用する者ならば、日本手話の文法に則って通訳する。手話通訳者は最低でも日本手話を習得してもらいたいという思いで、条例に「日本手話」を明記することにこだわった。

4.「日本手話」を使用するろう通訳者の有効性について

手話通訳は聴者が担うものという固定観念があるが、ろう者が公的な手話通訳の資格を得て、聴通訳者と協働しながら通訳

活動を行っている国がたくさん存在する。会議通訳から司法通訳、コミュニティ通訳までその守備範囲は多岐にわたる。折しも、2021年の東京オリパラの開閉会式等のテレビ中継において「ろう通訳者」が登場し、手話通訳は聴者だけでなくろう者も担い、それによって、より良い通訳の質が提供できるということを証明した。また、日常的な講演・会議や研修だけでなく、映像での通訳、国際的な会議やイベント、ろう重複障害者や外国人のろう者等の意思形成・意思決定・意思表出をしにくいろう者への通訳や、盲ろう者への通訳介助員もろう者が担うなど、多くの通訳の実績もある。今後は、意思疎通支援事業での日常生活や社会生活場面等でもろう通訳者の活躍とその広がりが期待されている。今般、「障害者による情報の取得及び利用並びに意思疎通に係る施策の推進に関する法律」が制定された。今後、さまざまな分野において情報保障の充実が求められるであろう。筆者の本職は、聾学校教員であり、特に聾学校の中でこそ「ろう通訳」が必要だと強く感じる。幼児児童生徒の中には、日本語対応手話では理解ができない子どもがいる。日本語対応手話は言語としては「日本語」になるため、日本語を習得途中や日本語が苦手な幼児児童生徒には理解ができないということである。日本語の習熟度によって、取り残される幼児児童生徒がいるということである。

　例えば校長先生のお話で、手話を練習した校長先生が音声を伴った日本語対応手話でお話をした場合、理解できる幼児児童生徒もいれば、理解できない幼児児童生徒もいる。情報保障として、スクリーンで文字を表示する学校も増えているが、文字は日本語であり、日本語がまだ習得途中や苦手な幼児児童生徒

にとっては、校長先生のお話を理解する手段がないということになる。このような情報格差が、聾学校の中で起きている。その情報格差を解消する手段として、校長先生が日本語対応手話で話し、その横でろう通訳を付ける という方法がある。

聾学校でろう通訳を付ける意義として、ろう通訳者の日本手話を幼児児童生徒たちが見ることにより、自身の手話言語としての日本手話の言語力を高めることにつながる。公の場に合った日本手話の使い方（レジスター）も学ぶことができる。聴者は、校長先生の話や、いろいろな場での日本語の使い方を小さいときから耳にして、日本語を身につけている。それと同じことを保障するということである。このように、聾学校でのろう通訳は、子どもたちへの情報保障の面だけではなく、子どもたち自身の日本手話の言語力向上につながるなど、教育的効果は非常に大きいものである。

5. 手話言語として「日本手話」を獲得するろう児たち

筆者が勤務する聾学校には幼稚部から高等部まであるが、筆者は幼稚部に所属している。聾学校幼稚部は一般の幼稚園と同じように、3歳から5歳のろう児たちが在籍し、外で走り回ったり、いろいろな素材で絵画や立体作品などを制作したりと毎日楽しく過ごしている。

聾学校の教育では、長年手話による教育が禁止され、補聴器などで聴力を補って音声を聞き取り、発音訓練で音声を話すことを目指す指導法である聴覚口話法が用いられてきた。現在は、手話を禁止している聾学校は少なくなっているが、幼稚部・小

学部では手話による指導は認めず、中学部から手話での指導を行うなどの（学部によっては手話による指導を認めない）学校もある。

　しかし、手話が認められているといっても、ほとんどが音声発語を併用することを要請される「手話つきスピーチ」である。教員は、必ず音声をつけながら手話を表し、子どもたちが発言する時は必ず音声をつけなければならない。音声をつけずに手話で表すと、「声がない」と音声を出すことを強要される。それが多くの聾学校の現実である。ろうの子どもたちが自然と獲得する「日本手話」を使用することが認められていない。いわば、ろう児たちの「日本手話」という言語権が認められていない状況である。また、ろう教員自身も音声を必ずつけることを管理職や同僚の教員などから言われ、自分の言語である「日本手話」で、授業を行うことが出来ないという現実もある。

　私が勤務する聾学校では、学校全体で手話言語は「日本手話」であるという共通理解があり、ろう教員は「日本手話」で授業を行うことも認められ、幼稚部では子どもたちが自然と「日本手話」を獲得している。「日本手話」を言語として尊重し、音声を出させることを強要しない。子どもたちの多くは聴者の親や家族の中で育っているが、幼稚部での集団生活の中で「日本手話」を獲得している。そして、「日本手話」を共通言語として、子ども同士で会話のやりとりが行われ、遊びが展開されている。「日本手話」の文法の中の一つとして眉の上げ下げや頷きがあるが、誰からも文法として教わることもなく、自然にきちんと区別して使い分け、見事に使いこなしていることが、ビデオ分析を通しても確認できている。

『「手話」は一つ。「日本手話」も「日本語対応手話」も同じ手話である。』という全日本ろうあ連盟の主張がある。組織的な戦略、運動的な側面からみれば、そういう主張も必要であるかもしれない。しかし、言語獲得に関わるろう教育の現場では、このような曖昧な主張は、子どもの言語獲得に大きな影を落とすことになる。日々の学校生活で、目の前のろうの子どもたちと接している、ろう教職員自身がそのことを身に染みて実感している。

第 11 章
ろう児が日本手話で学ぶ権利について

杉本篤史

1. はじめに

　筆者は東京国際大学国際関係学部教授であり、研究対象は法律学的な見地からの言語政策・言語権論である。研究分野は憲法や国際人権法を含む法律学であるが、言語に関する法制度や言語権理論を分析するため、一般言語学・社会言語学・応用言語学等の知見も取り入れて研究を進めている。研究対象は、日本における言語政策・言語法・言語権論が中心であり、具体的

には、言語の主体別に以下の諸項目を研究対象としている。

①　日本手話をめぐる問題・ろう児の教育問題・ろう者の言語
　　権問題
②　在住外国人や外国にルーツをもつ人の日本語教育をめぐる
　　問題・母語保持の問題
③　国内の歴史的民族的少数者の言語権問題（アイヌ語をめぐ
　　る問題・八丈語話者・琉球諸語話者・在日コリアンの民族
　　継承語問題など）
④　日本語母語話者の①〜③に対する啓発や学習環境の問題
⑤　日本語母語話者内の情報保障・情報弱者の問題

　以上の学術的背景に基づき、表題であるろう児が日本手話で
学ぶ権利について、意見を述べたい。

2. 言語権とは

　言語権概念は社会言語学を中心とする言語学領域および国際
人権法の実務領域ではすでに十分な合意があるものの、日本の
憲法学領域ではまだあまり馴染みのない概念である。本章では、
国際人権法における言語権概念について説明する。

2.1　国際人権法における言語権概念の受容と発展

　国際法上の言語権概念の発展過程を概観すると、その出発点
は 1945 年の国際連合憲章にある。憲章では、人種、性、言語
または宗教による差別の解消が随所で唱えられている（1 条 3、

13 条 1b、55 条 c、76 条 3）。そしてその後現在までに、国連総会の場において、言語権に言及する 4 つの宣言と 8 つの国際人権条約が採択されているが、以下では、これらのうち「宣言」と「日本国が批准した条約」についてその内容を説明する。

2.1.1　宣言

　1948 年の世界人権宣言では、人権享有主体間の差別的取り扱い禁止条項において、列挙項目の 1 つとして言語が挙げられている（2 条）だけだが、1985 年の外国人市民の権利宣言は、滞在国において外国人が享有する権利として、刑事手続きおよびその他の法定の場合において、無料で通訳の援助を受ける権利（5 条（c））、自己の言語、文化および伝統を保持する権利（同条（f））にも言及している。

　1992 年の民族的または種族的、宗教的および言語的少数者に属する者の権利に関する宣言（マイノリティ権利宣言）は、そのタイトルに「言語」を冠した初めての国連人権宣言文書である。同宣言によれば、国家は領域内の少数者について、その言語的独自性を保護し、促進するための条件を助長しなければならない（1 条）。少数者は公私にわたり自由かついかなる差別も受けずに自己の言語を使用する権利を有し（2 条 1）、少数者は自己の属する集団や他の少数者集団に属する者と自由かつ平和的に接触し、言語的紐帯関係を有する他国の市民との国境を越えた接触を自由かついかなる差別も受けずに樹立・維持する権利を有する（同条 5）。国家は法律または国際基準に反しない限り、少数者がその特性を表現しかつその言語の発展を可能とする有利な条件を創出するための措置をとらなければな

らず（4条2）、可能な場合には、少数者がその母語を学びあるいは教授する十分な機会を得るよう適当な措置をとらなければならず（同条3）、さらに、適当な場合には、少数者の言語についての知識を助長するために教育の分野での措置をとる（同条4）と規定されている。

　2007年の先住民族権利宣言では、先住民族は、その言語、表記方法等を再活性化・使用・発展させ、未来の世代に伝達する権利があり（13条1）、その文化に沿った教育・学習方法に適した方法で、その固有の言語による教育を提供する教育制度・施設を設立し、管理する権利を有し（14条1）、国家は先住民族と協力して、その共同体の外で生活している者を含めて、先住民である個人、特に子どもが、可能な場合には、その固有の文化および言語で行われる教育を受ける機会を得られるようにするため、効果的な措置をとらなければならない（同条3）。また、先住民族は、その固有の言語による独自のマスメディアを設立し、あらゆる形態の非先住民族のマスメディアを差別されることなく利用する権利を有する（16条）。

　なお付言すると、宣言と条約では法的拘束力は異なり、宣言は一般に国家を拘束しないといわれているが、宣言も国際法の解釈準則として一定の効力を有し、特に重要な原理原則は国際慣習法としての効力も有すると一般的に考えられている。

2.1.2　日本国が批准した条約

　1966年の国際人権規約A規約（経済的、社会的および文化的権利に関する国際規約）は、世界人権宣言と同様の言及にとどまる（2条）が、国際人権規約B規約（市民的および政治的

権利に関する国際規約）では、差別禁止条項（2条）に加えて、罪の決定において、理解しうる言語で罪の性質および理由の告知を受ける権利（14条3（a））、無償で法廷通訳を受ける権利（同（f））、法の下の平等における差別禁止事由の1つとしての言語（26条）、言語的少数者が自己の言語を使用する権利（27条）が規定されている。

　1990年の児童の権利条約では、まず権利享有主体である子どもに対する差別的取り扱い禁止条項において、列挙項目の1つとして言語が挙げられ（2条）、子どもの健全な発達に役立つ情報源としてのマスメディアの役割を認め、少数者集団または原住民の子どもの言語的必要性を特に考慮するようマスメディアに奨励することを、締約国に求めている（17条（d））。やむを得ない理由により家庭環境にとどまることができない子どもに特別の保護や支援を行う場合に、子どもの種族的、宗教的、文化的および言語的な背景について、十分な考慮を払うことを締約国に求めている（20条3）。また、子どもの教育において配慮すべき事項として、子どもの文化的アイデンティティ、言語および価値観が挙げられている（29条（c））。さらに種族的・宗教的・言語的少数派または原住民に属する子どもが、他の集団構成員とともに自文化を享有し、自己の宗教を信仰・実践し、自言語を使用する権利を否定されない（30条）とある。最後に、刑法違反を申し立てられまたは訴追された子どもが、司法手続きにおいて使用される言語を理解できないまたは話すことができない場合に、無料の通訳を提供することを締約国に求めている（40条2（b）(vi)）。

　2008年の障害者権利条約では、まず概念定義として、「意思

疎通」とは、言語・文字の表示・点字・触覚を使った意思疎通・拡大文字・利用しやすいマルチメディア・筆記・音声・平易な言葉・朗読その他の補助的および代替的な意思疎通の形態・手段・様式（利用しやすい情報通信機器を含む）を指すとされ、さらに、「言語」とは、音声言語および手話その他の形態の非音声言語を指すとされた（2条）。公共の施設およびサービスの利用に関して、締約国は、公衆に開放される建物その他の施設において、点字の表示および読みやすく、理解しやすい形式の表示を提供し（9条2（d））、公衆に開放されている建物その他の施設の利用の容易さを促進するため、人または動物による支援および仲介者（案内者・朗読者・専門手話通訳を含む）を提供する（同条2（e））ために必要な措置をとることと規定されている。障害者の表現および意見の自由について、締約国は、公的なやりとりにおいて、手話・点字・補助的および代替的な意思疎通ならびに障害者が自ら選択する他のすべての利用しやすい意思疎通の手段・形態・様式を用いることを受け入れ、かつ容易にし（21条（b））、および手話の使用を認め促進する（21条（e））ために適切な措置をとることと規定された。障害者の教育について、締約国は、障害者が教育および地域社会生活において完全かつ平等に参加することを容易にするため、障害者の生活技能や社会的発達のための技能の学習を可能とするために取るべき措置の1つとして、手話の学習およびろう社会の言語的アイデンティティの促進を容易にすること（24条3（b））、視覚障害者・ろう者・盲ろう者（の特に子ども）の教育が、その個人にとって最も適当な言語ならびに意思疎通の形態・手段で、学問的・社会的な発達を最大にする環境にお

いて行われることを確保することと規定され（同条（c））、障害者の教育を受ける権利の実現の確保を助長するために、締約国は、手話や点字について能力を有する教員（障害のある教員を含む）を雇用し、教育に従事する専門家や職員に対する研修（障害についての意識向上、意思疎通の適当な補助的および代替的な形態・手段の使用、障害者を支援するための教育技法や教材使用を含む）を行うための適当な措置をとる（同条4）と規定された。さらに、締約国は、障害者が他の者との平等を基礎として文化的な生活に参加する権利を認め、障害者が、利用しやすい様式を通じて、文化的な作品を享受する機会（30条1（a））および障害者が、利用しやすい様式を通じて、テレビ番組・映画・演劇その他の文化的な活動を享受する機会（同条1（b））を確保するために適切な措置をとるものとされ、また、障害者は、他の者との平等を基礎として、その独自の文化的・言語的なアイデンティティ（手話およびろう文化を含む）を承認され支持を受ける権利を有する（同条4）と規定された。

2.2　国際人権法における言語権概念（小括）

上記の外に日本国が未批准の条約においても言語権に関する言及がみられるが、ここではそれら条約の名称のみを紹介するにとどめる（1962年教育における差別を禁止する条約、1978年の移民労働者条約／ILO第143号条約、1989年の原住民および種族民条約／ILO第169号条約、1990年のすべての移住労働者とその家族の権利保護に関する条約）詳細は杉本（2019）を参照されたい。

なお、言語権の保障に前向きな政策を推進している国の全て

が、上述の国際条約を網羅的に批准しているわけでない。例え
ばアメリカ合衆国は子どもの権利条約に署名はしているものの
批准していないが、移民児童の母語保持と英語習得を両立させ
るべく、バイリンガル教育法を 1968 年に成立させている。こ
のように国際人権条約の批准状況それ自体のみで当該国の人権
保障状況を推し量ることはできず、それぞれの国内法の状況を
具体的に検討する必要があることは言うまでもない。

　また、障害者権利条約より前の条約や宣言における「言語」
とは、音声言語を念頭においたもので、手話などの視覚言語に
関する権利の記述は不十分であった。障害者権利条約において
手話への言及がなされたことが、言語権の対象として、視覚言
語を音声言語と同等に扱うべきとするだけでなく、音声言語中
心の言語権構造それ自体をも再構成するきっかけになっている。

　以上の国際人権法上の言語権に関する諸記述を統合すると、
言語権は、以下の 3 つのカテゴリーと、言語権を保障するため
の国や自治体の責務に分類整理できる。

① 　第 1 言語（L1：First Language）に関する権利
② 　民族継承語（HL：Heritage Language）に関する権利
③ 　ある地域で広く使用されている言語（CSL：Commonly
　　Spoken Language）に関する権利

以下では、これらのカテゴリーの内容について説明する。

2.2.1 第 1 言語（L1：First Language）に関する権利
　第 1 言語（以下 L1）とは、人間が乳幼児期に「自然」習得

（獲得）する言語を指すが、より具体的には、十全に身につけられ、コミュニケーションに不自由なく使え、人間の認知能力の発現に資する言語を指す。L1 に関する言語権としては、まず L1 を習得する権利（言語を剥奪されない権利）があり、これは全ての言語権の基盤となる権利である。また、習得したL1 により教育（特に初等教育）を受ける権利も重要である。このほか、L1 を日常的に使用する権利、L1 を継承する権利、L1 話者のコミュニティに参加する権利などがある。

2.2.2 民族継承語（HL：Heritage Language）に関する権利

民族継承語（以下、HL）とは、自己のアイデンティティに関わる社会的・文化的集団の言語を指す。例えばアイヌ民族のように、L1（日本語）と HL（アイヌ語）が異なる場合もある。HL に関する言語権としては、HL を学ぶ権利、HL で学ぶ権利、HL を日常的に使用する権利、HL を保存・継承・進展させる権利、HL によるマスメディアを運営する権利、HL 話者のコミュニティ（特に海外の）に参加する権利などがある。

2.2.3 ある地域で広く使用されている言語（CSL：Commonly Spoken Language）に関する権利

ある地域で広く使用されている言語（以下、CSL）とは、生活圏において通用している言語のことを指す。日本では、例えば L1 が日本語ではない外国籍住民や外国にルーツのある人にとっての日本語が CSL となる。CSL に関する言語権としては、自己の L1 と CSL との間で通訳・翻訳を提供される権利、CSLを学ぶ権利などがある。

2.2.4 言語権を保障するための国や自治体の責務

　国際条約や宣言の内容からすると、国や自治体などの公権力機関は、言語権の実現に資するため、以下の責務を負うことになる。すなわち、L1・HL・CSL それぞれの教育機会や利用場面を提供すること、L1・CSL 間の通訳・翻訳体制の整備（特に、医療・法務・学術通訳における専門通訳者の供給体制の確立）、L1・HL コミュニティの維持・発展・参加への支援、言語的マジョリティへの啓発活動、言語的マジョリティが第 2 言語として国内少数言語を学習する機会の提供などである。

3. 言語権と日本の国内法制

　以上のように、言語に関する権利は第 2 次世界大戦後の国際人権法上の概念として、言語的少数者に対する差別的取り扱いの禁止から始まり、上述の諸宣言・条約を経てその内実が豊かになっていった。しかし、日本の国内法制においては、言語権はいまだ認知されず、対応する法制度が構築されていない。そもそも、世界人権宣言、ドイツ連邦共和国（西ドイツ）基本法、イタリア共和国憲法などが、差別禁止条項の列挙項目に言語を含んでいるのに対して、これらとほぼ同時期に起草・制定された日本国憲法の 14 条「法の下の平等」条項では、列挙項目に言語が存在しない。これは、敗戦直後の国家再興のために単一民族神話（日本国＝日本人＝日本語）に依拠せざるを得なかった社会的歴史的背景があると推測されるが、それから 70余年が経過し、「多文化共生」が国家の基本政策のキーワードになって久しい現在では、国際人権法上の言語権の受容を拒む

理由は存在しない。もっとも、日本でも言語に関連する法制は
すでにいくつか存在する。主要な例を挙げれば、「アイヌ施策
推進法」（2019 年 4 月）、「日本語教育推進法」（2019 年 6 月）
などがある。また、聴覚障害者や手話に関するものとしては、
「障害者基本法」の改正（2011 年 8 月）により、同 3 条で「手
話」が「言語」として認められ、障害者権利条約の理念が国内
法化されている。これを機に、現在までに 480 を超える自治
体が「手話言語条例」を制定し、2019 年 6 月には立憲民主党、
国民民主党、社民党、共産党の共同で「手話言語法案」が衆議
院に提出された（2021 年秋の衆議院議員選挙により廃案）。そ
して「聴覚障害者等による電話の利用の円滑化に関する法律
（電話リレーサービス法）」が 2020 年 6 月に制定され、「障害
者情報アクセシビリティ・コミュニケーション施策推進法（情
報アクセシビリティ法）」が 2022 年 5 月に制定された。情報
アクセシビリティ法案の採択においては衆議院で付帯決議が行
われ、その中で「政府は、本法の施行に当たり、次の事項につ
いて適切な措置を講ずるべきである。（中略）五 本法同様に
四十七全都道府県と千七百四十一全市区町村の議会から制定を
求める意見書が国に提出されていることを踏まえ、手話言語法
の立法を含め、手話に関する施策の一層の充実の検討を進める
こと。」とされた。また、厚生労働省において 2022 年 2 月に
「難聴児の早期発見・早期療育推進のための基本方針」が策定
され、その中で「言語・コミュニケーション手段（音声、手話、
文字による筆談等を含む）の選択肢が限定されることなく、ど
の選択肢も保障・尊重されることが望ましい。」とされ、難聴
児の療育において保障・尊重されるべき言語・コミュニケー

ション手段の1つとして手話が明記されている。

このように手話を含む言語に関する法令の整備が急速に進みつつあるが、他方で、手話とは何か、言語とは何かという問題について、必ずしも科学的知見（主に手話言語学）に基づく定義が定着していないように思われる。そして前述のように国際人権法上の言語権についての認知も進んでおらず、このままでは、言語に関する俗説や手話に対する誤解などが行政担当者に援用され、ひいては当事者の言語権を侵害するものとなりかねない。日本の国内法では、言語および言語に関する人権分野における法整備が長年放置されてきたのであり、札幌聾学校の訴訟はそのような国の無作為を問うものであるということができる。

4. ろう児が日本手話で学ぶ権利について

それでは、法制度の未整備ゆえに、札幌聾学校訴訟における主たる主張である「ろう児が日本手話で学ぶ権利」は、日本国憲法を頂点とする日本の法制度からは導き出せないのであろうか、筆者は、十分に導き出せるものと考える。以下、その理由を説明する。

4.1 日本国憲法における根拠

訴状にもあるように、憲法26条1項は教育を受ける権利を保障するが、それは最高裁昭和51年5月21日判決において「国民各自が、一個の人間として、また、一市民として、成長、発達し、自己の人格を完成、実現するために必要な学習をする

固有の権利を有すること、特に、みずから学習することのできない子どもは、その学習要求を充足するための教育を自己に施すことを大人一般に対して要求する権利を有するとの観念が存在していると考えられる。」と解釈されている。障害者基本法3条3号「全て障害者は、可能な限り、言語（手話を含む。）その他の意思疎通のための手段についての選択の機会が確保されるとともに、情報の取得又は利用のための手段についての選択の機会の拡大が図られること。」とあわせて考えるならば、ろう児のL1である日本手話により基礎教育を受けることは、憲法26条の含意するところであると考えられる。

4.2 日本の締結する国際人権条約上の根拠

2.1節での説明や札幌聾学校訴訟の訴状においてすでに言及されているが、言語権の観点からすると、児童の権利条約29条1（c）「児童の父母、児童の文化的同一性、言語及び価値観、児童の居住国及び出身国の国民的価値観並びに自己の文明と異なる文明に対する尊重を育成すること。」、障害者権利条約24条3（b）「手話の習得及び聾社会の言語的な同一性の促進を容易にすること。」、同（c）「盲人、聾者又は盲聾者(特に盲人、聾者又は盲聾者である児童)の教育が、その個人にとって最も適当な言語並びに意思疎通の形態及び手段で、かつ、学問的及び社会的な発達を最大にする環境において行われることを確保すること。」同条4「締約国は、1の権利の実現の確保を助長することを目的として、手話又は点字について能力を有する教員（障害のある教員を含む。）を雇用し、並びに教育に従事する専門家及び職員（教育のいずれの段階において従事するかを

問わない。）に対する研修を行うための適当な措置をとる。（以下略）」がろう児の日本手話により基礎教育を受ける権利を裏付けている。

　なお、2022年9月9日に国連障害者権利委員会から日本政府に対して出された総括所見においては、懸念が93項目、勧告は92項目、留意が1項目、奨励が1項目であり、様々な障害領域において日本政府の政策態度が批判されている。このうち、日本手話に関しては、以下のようにその公用語化が勧告されている。

　　「III. 主な懸念事項と提言、B. 特定の権利（5条〜30条）、表現と意見の自由・情報へのアクセス（21条）、45. 委員会は、以下の点に懸念を抱いている。［中略］（c）日本手話が公用語として法律で認められていないこと、手話の訓練が行われていないこと、生活のあらゆる場面に渡る手話通訳が行われていないこと。」
　　「46. 委員会は、締約国に対し、次のことを勧告する。（中略）（c）日本手話を国レベルの公用語として法律で認め、生活のあらゆる分野に渡る手話へのアクセスと手話の使用を促進し、有能な手話通訳者の訓練と利用可能性を確保すること。」

　北海道の主張は、このような国際人権機関による指摘になお逆らうものである。

4.3 「L1 を剥奪されない権利」の重要性

　先に 2 節において国際人権法上の言語権を 3 つのカテゴリーに分類して説明したが、本件において問題となっているのは、単なるコミュニケーション手段の選択の問題ではなく、ろう児の認知発達に関わる L1 を剥奪されない権利に関する問題だということである。L1 による発達が妨げられると、認知発達に重大な影響を与え、「聴こえ」や「言語」の問題だけではない社会参加への困難が発生することは、すでに指摘されていることである（高嶋，2022）。日本の聾学校における聴覚口話法教育、換言すれば、「日本語対応手話」と「日本手話」を区別しない立場を口実にして、日本手話による学習環境の整備をしてこなかったばかりか、そこでの「手話」（日本語対応手話）はあくまで日本語習得の手段として用いられるものであり、ろう児の認知発達に関わる L1 としての「手話」（日本手話）の重要性は度外視され続けてきた。例えば、2018 年 2 月に発生した大阪府立生野聴覚支援学校の女児生徒事故死事件に関する民事裁判において、事故を起こした被告側は、死亡した生徒が聴覚障害者であることを理由に、逸失利益の算出根拠となる基礎収入を、聴の女性労働者の 40％（その後、死亡した生徒の聴力検査データを基に、聴覚障害者の平均賃金相当の、聴の女性労働者の 60％に変更）とすべきと主張した。その理由として、聴覚障害者の思考力や言語力・学力は、小学校中学年の水準にとどまると主張したことからニュースとなった。このような偏見の背景には、多くのろう者から L1 による認知発達の機会を図らずも奪ってきた日本のろう教育制度にも責任があると言わざるを得ない。なお、2023 年 2 月 27 日に大阪地方裁判所で

この裁判の判決が下され、そこでは「労働能力が制限されうる程度の障害があったこと自体は否定できない」と認定され、原告の望んだ労働者全体の平均賃金をもとに逸失利益を算出するのではなく、その85％をもとに算出する判断が示された。この判断は司法が障害者差別を助長するものとして強く批判されている。

　さて、そのような中でも、札幌聾学校では、筆者が見学に訪れた2020年2月12日時点においては、「日本手話」「日本語対応手話」「聴覚口話法」のそれぞれを授業言語として使用するクラス編成がなされ、「日本手話」による授業がたしかに行われていた。本件訴訟で指摘されている札幌聾学校における「日本手話」クラスに対する対応変更は、ろう児の立場からすれば重大な不利益変更であり、いまだL1が確立しているとは言えない年齢であるろう児の、L1を剥奪されない権利を侵害しかねない重大事案であることをご理解いただきたい。

付記

本章は、JSPS科研費21H00536の研究成果の一部である。

参考文献

杉本篤史（2019）「日本の国内法制と言語権 —国際法上の言語権概念を国内法へ受容するための条件と課題」『社会言語科学』22(1), pp.47–60.

高嶋由布子（2022）「手話とろう・難聴児の発達」『発達』172, pp.94–99.

提言
これからのろう教育のあり方について

佐野愛子・佐々木倫子・田中瑞穂

　本書の各章において展開された議論の骨子をまとめると、以下の3点に集約される。

1. 日本手話は日本語とは全く異なる言語であり、日本語の文法をベースとして手話単語を使用するコミュニケーション様式である日本語対応手話（手指日本語・手話アシスト日本語・手話付きスピーチ）とは全く異なる言語である。
2. ろう児の認知発達を支える基盤としての言語としては、日

本手話が必要不可欠である。

3. ろう児の十全な学びと発達を支えるろう教育において、日本手話による学びを求めることは憲法で保障されている基本的な人権である。

　こうした理解に立つとき、ろう児に対して提供される教育のあり方として最も望ましいのは、明晴学園において実施されているような、日本手話に堪能な教員がすべての教育を担当するモデルであることは言うまでもない。その有効性は第8章の明晴学園による説明は言うまでもなく、第6章でスウェーデンの実践としても報告されているとおりである。

　しかしその一方で、そもそも教員免許を持つ教員の中で日本手話に堪能な者が極めて限られている中、少なくとも当面は日本全国でこうしたろう教育を展開する主張は現実的とは言えないこともまた事実であろう。

　そこで、本提言では以下の4点を主張する。

1. 日本手話に堪能なろう者を、幼児児童生徒もしくはその保護者から希望の出たすべての教室に配置する体制を整えること

2. 日本手話に堪能なろう者の教員免許取得に向けた支援・養成の対策を早急に講じること

3. すでに教員免許を持っている現職の聾学校教員に対し、日本手話の運用能力を高められるような研修の取り組みを強化すること

4. 聾学校における教育課程に「日本手話」の学びを位置付け

ること

　以下、それぞれの提言について簡単に説明する。

1.　日本手話に堪能なろう者を、幼児児童生徒もしくはその保護者から希望の出たすべての教室に配置する体制を整えること

　日本における学校教育の枠組みの中で参考になるものとして、英語教育における ALT（Assistant Language Teachers: 外国語指導助手）の制度がある。

　文部科学省（https://www.mext.go.jp/a_menu/kokusai/gaikokugo/1304113.htm）によれば英語教育における ALT の役割は「担当教員の指導のもと、担当教員が行う授業にかかる補助をする」ことであり、①授業前のうちあわせや教材作成の補助、②授業内の言語活動における児童生徒への指導の補助、③授業後の振り返りを行うことなどが挙げられている。

　ALT は担当教員の補助をする役割であるため、教員免許を求められていない。したがって、教員免許を持っているろう者が少ない現状であっても、比較的人数を確保しやすいと考えられる。

　ネイティブサイナーの ALT が教室内にいることのメリットは極めて大きい。英語教育における ALT の「授業内の言語活動における児童生徒への指導の補助」としては「活動についての説明、助言、講評」「言語モデルの提示」「音声、表現、文法等についてのチェックや助言」「児童生徒との会話」「母国の言語や文化についての情報の提供」等が挙げられているが、これ

らを「活動についての説明、助言、講評」「討議・発表モデルの提示」「語彙・表現、文法等についてのチェックや助言」等々と読み替えれば、日本手話という言語およびろう文化の担い手であるネイティブサイナーにとってもその力を十分に発揮できる項目と言える。特に聴の家庭に生まれたろう児にとっては、こうして教室内で日常的にネイティブサイナーによる日本手話に触れ、ネイティブサイナーと日本手話によるインタラクションの機会を十分に確保できることで授業理解は言うまでもなく、日本手話の運用能力の発達に大きく貢献することが考えられる。さらに、学校内に複数のネイティブサイナーがいることによって、子どもたちは大人のネイティブサイナー同士のインタラクションも日々目にすることになる。聴の子どもたちは日々、大人のやりとりを横で聞きながら、無意識ながら多くのことを学んでいくが、ろうの子どもたちにはそうした機会が極めて限られている。それを補うためには、日常的にろうの大人がたくさんいる状況を作り出す必要がある。

また、第10章で戸田が強調したように、「ろう通訳」としてのALTが教室内にいることで、日本手話を第一言語とする児童・生徒にとっては授業の内容が格段にわかりやすいものとなる。教師の説明が理解しやすくなるばかりではなく、児童生徒の発話の読み取りにおいても、ネイティブサイナーのALTが力を発揮することになるだろう。さらに、第二言語として日本語を習得するろう児が躓きやすいポイントについての説明は、第一言語である日本手話を共有する教員／ALTの方がよりわかりやすく説明できると言う点も重要である。

しかも、英語教育におけるALTの意義よりも遙かに重要な

点としては、こうした指導助手の存在が、ろう児にとってロールモデルとしての機能を持つ点、また、残念ながら今日なお見られる聴の教員からの差別的言動に対する抑止効果も期待できる点である。聾学校にわずか数名のみのろう教員がいる現状から、まとまった数のろう者が教育現場にいる状況へ変化することにより、ろう児にとっては、信頼できるろうの大人に巡り会う可能性が高まるという効果も期待できる。

　当然、こうした指導助手が教育現場に入っていくに当たっては、最低限度の研修が必要になる。しかし、教員免許を付与するためには多くの時間が必要となるのに比べ、英語教育のALTなどにあっては、必要最小限の研修ののち、免許を持つ正規教員とのチームティーチングの形で教室に入る事が認められ、その後は在職の形でトレーニングを受ける仕組みが確立している。同様の取り組みをネイティブサイナーに対しても行うことで、わからない授業からわかる授業へと比較的容易に教育の質を格段に高めることが期待できる。この取り組みは、ろう者の専門職雇用の拡充にもつながる点で、ろうコミュニティにも歓迎されるものと考えられる。

　こうしたネイティブサイナーの配置は、乳幼児相談室や幼稚部など、年少のろう児がアクセスしやすい場所においては特に重要である。特に聴の親の元に生まれるろう児の言語剥奪を防ぎ、言語習得の空白期間を最低限に抑えるために、全国の聾学校の乳幼児相談室及び幼稚部には必ず相談員研修を終えたろう者を配置することを提案したい。また、こうしたろう者との出会いを確保することは、ろう児の保護者の中で圧倒的多数を占める聴の保護者にとっても極めて重要である。一般的な聴者は、

手話やろう文化に接することなく生活していることが多い。自身がそれまで知らなかった言語と文化で子育てをすることは、聴の保護者にとって不安に満ちたものである。そうした保護者にとってろう者がろう児と楽しそうにかかわりあう姿を見せることは、どんな説明よりも強くその不安を打ち消す支えとなるものである。

2. 日本手話に堪能なろう者の教員免許取得に向けた支援・養成の対策を早急に講じること

　上記 1 で提案する ALT としてのネイティブサイナーの雇用は、いわば緊急措置としての対応であり、中・長期的には正規雇用の形で ALT 出身の教員がろう教育に従事する体制を整える必要がある。それは、「聴の教員が正規の教員、ろうの教員は補助的な役割である」というような状況が所与のものとしてろう児に誤解されることを防ぐうえで極めて重要である。香港などで優れた成果を上げているろう教育の手法に「手話バイリンガル・コエンロールメント教育プログラム（SLCO：Sign Bilingualism & Co-Enrolment Education Programme）」という取り組みがある。ここでは、香港手話を用いるろう者の教員と、広東語を話す聴の教員が常に並び立つ形で、チームティーチングをしながらろうの生徒と聴の生徒を同時に指導する、バイリンガル教育が展開されている（詳しくは Tang & Yiu, 2016）。
　しかし日本では令和元年時点で国立教員養成大学・学部に在籍している聴覚障害を持つ学生は 36 名ときわめて少なく、ネイティブサイナーの教員数が圧倒的に足りていない（全国聴覚障害教職員協議会, 2019）。ろう児の教育において、その発達

をもっともよく理解でき、支援できるろう者の教員を養成して
いくことは極めて重要な課題であるといえる。そのための方策
として、上記 1 の方式で指導助手として採用したネイティブ
サイナーが正規の教員になるための支援についても考えていく
必要がある。具体的には、指導助手として実務経験を積んだネ
イティブサイナーに対し、通信教育での教員免許取得を積極的
に支援することなどが推奨される。

3. すでに教員免許を持っている現職の聾学校教員に対し、日本手話の運用能力を高め、バイリンガルろう教育の専門性を高められるような研修の取り組みを強化すること

　上記 1 および 2 の提言の実現に向けて努力する間にも、現
職の聾学校教員の日本手話運用能力を高める研修を強化するこ
とは喫緊の課題である。そもそも言語が通じないまま教育や学
習が十全な形で行われる事は不可能であって、教員の日本手話
運用能力のレベルがろう教育の質に直結する（十分条件ではな
いが必要条件である）事は自明であり、第 11 章で杉本が論じ
たように、これは憲法で保障される学習権の一部を構成するも
のと言える。

　同時に、聾学校においては、共通言語が日本手話と書記日本
語であって音声日本語が主要言語ではない、という環境を作る
必要がある。そうでなければ音声活用をしない教員やろう児が、
聴覚障害の程度が重いという理由によって差別される構造が他
ならぬ聾学校で起きてしまうからである。そうした聾学校の存
在理由における矛盾を回避するためには、聴覚を活用しない教
員・児童が不自由なく生活できる環境を整備する必要があり、

それは日本手話と書記日本語を主要言語とする環境を整備することに他ならない。

　言語の習得には相当の時間と労力を必要とすることから、聾学校の教員の研修については、他校種の教員の研修よりも特に手厚く支援をし、時間的・経済的にサポートする体制を構築する必要がある。

　現状の教員養成・配備の状況では、日本手話を全く知らない教員が聾学校に配置されることも珍しくない。中・長期的にはそうした配置を避けられるよう、日本手話に堪能な教員をろう・聴ともに十分に養成していくべきではあるが、それまでの間、現職の教員の過度な負担を避けつつ、必要な研修を受けられる体制を確保しなければならない。

　この点については、基礎的手話研修のための遠隔教育の拠点組織を設け、全国どの地域からでも受講可能にするシステムの構築を提案する。日本手話の基礎を着実に身につけたうえで、それぞれの地域のろう者との対面コミュニケーションの場を確保することで、研修費用を抑えながら効率よく教員の研修を実施できる。同時に、学校単位の研修のための費用を、聾学校に対して特に手厚くするなどの方策を設置者レベルで決定したりするなど、工夫しながら現職教員の日本手話運用能力の底上げをはかるべきである。提言1は、ネイティブサイナーと日常的にチームティーチングを行うことで、現状日本手話に堪能でない教員の日本手話運用能力を効果的に高めることも期待できる点でも重要である。

　同時に、日本手話の運用能力だけではなく、バイリンガル教育としてのろう教育に関わる専門性を高める研修の充実も不可

欠である。そのためにここでは現行の免許法認定講習を活用して行うことを提言する。ここでいう「認定講習」とは、「心身（聴覚）に障害のある幼児、児童又は生徒の心理、生理及び病理に関する科目、心身（聴覚）に障害のある幼児、児童又は生徒の教育課程及び指導法に関する科目」を指し、特別支援学校教諭 2 種免許状が取得できるものである。この講習を、日本手話を活用したバイリンガルろう教育の専門性を高めるものとして内容を充実させ、同時に利便性を高めるためにオンラインでの受講を可能にするなどの工夫が求められる。

　もう一点、現職の聾学校教員の研修に不可欠であるのは、制度的差別の駆逐を目指した取り組みである。提言 2 でもふれたとおり、聾学校において、聴者教員がろう者教員よりも優位に立っている状態があってはならない。ろう者教員が会議等において情報弱者になってはならない。

　児童・生徒の指導においても、こうした制度的差別が依然として見受けられる状況は一刻も早く改善されなければならない。授業において、聞こえの程度で得られる情報に差がないだろうか。聞こえのよい生徒が成績のよい生徒になっていたら、まずコミュニケーションが日本語、それも、音声日本語に偏っていないかを疑うべきである。

　聴者教員は、聞こえる立場をどれほど利用し、「聞こえない・聞こえにくい」生徒や先生に負担をかけてきたかを認識する必要がある。「答えはわかっているのにうまく伝えられない」とか、「何が要求されているのか皆目わからない」といった、コミュニケーションにおける苦しみを実感するような研修、自分が無意識に行ってきた言語剝奪にひとつひとつ気づくため

の研修が求められている。

4. 聾学校における教育課程に「日本手話」の学びを位置付けること

　第9章で佐々木が提案するように、ろうの子どもたちの学びを十全に支えるためには、第一言語としての日本手話の運用能力をしっかりと築いていく必要がある。バイリンガルの子どもたちの発達においては、目標言語である第二言語（この場合日本語）だけを集中的に指導するよりもむしろ、より随意に使うことのできる第一言語によって強固な基盤を確立することが効果的であることは多くの応用言語学者によって指摘されている点（Cummins, 1996; 全国ろう児をもつ親の会編, 2008 など）であり、特にろうバイリンガリズムにおいてはその点は重要度を増す。

　そこで、ここでは、明晴学園でも導入されている、教科としての「手話」の設置を提言したい。

　特別支援学校の学習指導要領（平成29年4月告示）では、その「総則」で教育課程の編成について次のように定めている（p. 64）。

　　3　教育課程の編成における共通的事項 (1)　内容等の取扱い　イ　学校において特に必要がある場合には，第2章以下に示していない内容を加えて指導することができる。また，第2章以下に示す内容の取扱いのうち内容の範囲や程度等を示す事項は，全ての児童又は生徒に対して指導するものとする内容の範囲や程度等を示したものであり，

学校において特に必要がある場合には，この事項にかかわらず加えて指導することができる。

　ろうの子どもたちが日本手話を第一言語とし，日本語を第二言語とするバイリンガルであるという認識に立てば，学習指導要領で定める「国語科」やそのほかの科目の理解を深めるために必要な日本語の習得を助けるために日本手話という基盤が必須であることが見えてくる。日本手話の運用能力を高め，日本手話と日本語の違いを明示的に学ぶことによって，ろう児の学び全般がより確かなものとなるのである。そのためにも，日本手話を学ぶための時間が確保される必要があるが，これは現行の学習指導要領の枠組みの中でも十分に達成できるものである。ただし，これを可能にするためには上記 1–3 の提言の実現が不可欠である。

　序章で概観したように、1990 年代以前の口話教育も、それ以後の手指日本語による教育も、ろう児の日本手話を抑圧する減算的教育だった。日本手話も日本語も生かして、すべてのろう児たちの認知発達を促す加算的バイリンガル教育こそが今後目指すべき道である。ことばは、人間の認知的・社会的発達にとって最も重要な基盤であり、同時に個人のアイデンティティのよりどころとして、そしてさらに、時代を超えて受け継がれている文化を継承するためのツールとして、極めて重要なものである。ろう児たちが、自らが随意に使うことのできる日本手話での学びの機会を保障されることは、単に勉強が楽になるかどうかといった表面的な問題にとどまらない。札幌聾学校の子

どもたちは自らの人格に対する敬意を勝ち取るために闘っている。自ら考え、仲間とともに学びを深め、自らのアイデンティティを肯定できる大人に育っていくための機会を求めて闘っている。その想いを、どう受け止めて、実現していくのか、それが今まさに問われている。

参考文献

Cummins, J. (1996). *Negotiating identities: Education for empowerment in a diverse society*. California Association for Bilingual Education.

Tang, G., & Yiu, K. M. (2016). Developing sign bilingualism in a co-enrollment school environment: a Hong Kong case study. In M. Marschark, & P. E. Spencer, (Eds.) *The Oxford handbook of deaf studies in language* (pp. 197–217). Oxford University Press.

全国ろう児を持つ親の会　編（2008）「バイリンガルでろう児は育つ：日本手話＋書記日本語で教育を！」生活書院

全国聴覚障害教職員協議会（2019）「2019 年度現勢調査の実施」https://zencyokyo.org/wp/wp-content/uploads/2021/02/1eb4ac2e784e37e19d5ec646a286d7a5.pdf

執筆者一覧（掲載順　*は編者）

佐野愛子*（さの あいこ）：序章、提言を執筆。第4章、5章、6章を翻訳。
立命館大学 教授。
トロント大学大学院オンタリオ教育研究所にて M.A.（第二言語教育）、北海道大学にて博士（学術）取得。
専門はバイリンガル教育・英語教育。

田中瑞穂*（たなか みずほ）：序章、提言を執筆。
もと札幌聾学校 教諭。
北海道教育大学にて修士（教育学）取得、現在北海道大学大学院博士課程在籍。
専門はバイリンガルろう教育。

佐々木倫子*（ささき みちこ）：序章、提言、第9章を執筆。
桜美林大学 名誉教授。国立国語研究所日本語教育センター日本語教育指導普及部長、桜美林大学教授・言語教育研究所長などを歴任。
米国アメリカン大学大学院にて M.A.（言語学）取得。
専門はバイリンガルろう教育・日本語教育学。

森壮也（もり そうや）：第1章を執筆。
日本貿易振興機構 アジア経済研究所 主任研究員。
早稲田大学大学院にて修士（経済学）取得。
専門は開発経済学・障害と開発・手話言語学。

松岡和美（まつおか かずみ）：第2章を執筆。第5章を翻訳。
慶應義塾大学 教授。
筑波大学大学院にて修士（教育学）、コネチカット大学大学院にて Ph.D.（言語学）取得。

専門は手話言語学・第一言語獲得。

菊澤律子（きくさわ りつこ）：第 3 章を執筆。
国立民族学博物館 教授・総合研究大学院大学 教授。
東京大学にて文学修士（言語学）、ハワイ大学大学院にて Ph.D.（言語学）取得。
専門は言語学、バイモーダル対照言語学、コミュニケーション共生科学。

ジム・カミンズ（Jim Cummins）：第 4 章を執筆。
トロント大学 名誉教授。
アルバータ大学にて Ph.D.（教育心理学）取得。
専門はバイリンガル教育。

デボラ・チェン・ピクラー（Deborah Chen Pichler）：第 5 章を執筆。
ギャローデット大学 教授。
カリフォルニア大学サンディエゴ校にて Ph.D.（言語学）取得。
専門は手話言語学・第一言語獲得・第二言語習得。

ポール・ドゥディス（Paul Dudis）：第 5 章を執筆。
ギャローデット大学 教授
カリフォルニア大学サンディエゴ校にて Ph.D.（言語学）取得。
専門は手話言語学。

オードリー・クーパー（Audrey Cooper）：第 5 章を執筆。
ギャローデット大学 准教授。
サザンミシシッピ大学にて Ph.D.（国際開発学）取得。
専門は国際開発学・障害学。

クリステル・フォンストロム（Krister Schönström）：第 6 章を執筆。
ストックホルム大学 准教授。

ストックホルム大学にて Ph.D（言語学）取得。
専門は手話言語学・ろう文化・バイリンガリズム。

富田望（とみた のぞみ）：第 7 章を執筆。
フレーミングハム州立大学 助教・ハーバード大学 博士研究員。
ギャローデット大学にて M. A., および Ph.D.（言語学）取得。
専門は手話言語学。

学校法人　明晴学園（めいせいがくえん）：第 8 章を執筆。
私立特別支援学校。

戸田康之（とだ やすゆき）：第 10 章を執筆。
大宮ろう学園 教諭・NHK 手話ニュースキャスター。朝霞市聴覚障
害者協会 会長。
筑波大学大学院にて修士（障害児教育学）取得。
専門は手話教育学・バイリンガルろう教育。

杉本篤史（すぎもと あつぶみ）：第 11 章を執筆。
東京国際大学 教授。
早稲田大学大学院にて修士（政治学）取得。
専門は言語権論・言語政策・国際人権論・憲法学。

日本手話で学びたい！

Fighting for Our Rights to Study in Japanese Sign Language

Edited by SANO Aiko, SASAKI Michiko and TANAKA Mizuho

発行	2023 年 7 月 31 日　初版 1 刷
定価	1700 円＋税
編者	©佐野愛子・佐々木倫子・田中瑞穂
発行者	松本功
装丁者	渡部文
印刷・製本所	株式会社 ディグ
発行所	株式会社 ひつじ書房

〒 112-0011 東京都文京区千石 2-1-2　大和ビル 2 階
Tel.03-5319-4916　Fax.03-5319-4917
郵便振替 00120-8-142852
toiawase@hituzi.co.jp　https://www.hituzi.co.jp/

ISBN978-4-8234-1210-3

造本には充分注意しておりますが、落丁・乱丁などがございましたら、
小社かお買上げ書店にておとりかえいたします。ご意見、ご感想など、
小社までお寄せ下されば幸いです。